社会主义与中国道路

朱聪明 张跃进 著

中国社会科学出版社

图书在版编目(CIP)数据

社会主义与中国道路/朱聪明，张跃进著．—北京：
中国社会科学出版社，2015.9
ISBN 978-7-5161-6196-8

Ⅰ.①社… Ⅱ.①朱…②张… Ⅲ.①中国特色社会
主义—研究②社会主义建设模式—研究—中国 Ⅳ.
①D616

中国版本图书馆 CIP 数据核字(2015)第 117573 号

出 版 人 赵剑英
责任编辑 冯春凤
责任校对 张爱华
责任印制 张雪娇

出　　版 中国社会科学出版社
社　　址 北京鼓楼西大街甲 158 号
邮　　编 100720
网　　址 http：//www.csspw.cn
发 行 部 010－84083685
门 市 部 010－84029450
经　　销 新华书店及其他书店

印　　刷 北京君升印刷有限公司
装　　订 廊坊市广阳区广增装订厂
版　　次 2015 年 9 月第 1 版
印　　次 2015 年 9 月第 1 次印刷

开　　本 710×1000 1/16
印　　张 13.5
插　　页 2
字　　数 210 千字
定　　价 55.00 元

目　录

下篇：伟大梦想与前景展望

序　言

一部历史是发展史、认识史，也是思想启蒙的历史，人们通过历史来厘清思路、发展思想、提高认识，人们也通过历史来得到启示、改变观念、改变做法，以适应历史发展的一般规律。一部社会主义的发展历史，也就是社会主义发展的思想史、认识史，也就是社会发展规律的发展史；同时也就是人们对社会主义的认识再提高、再反思、再升华、再坚定的历史。通过社会主义近500年的发展历史，我们可以看到，一个新生事物的发展，有其从幼小不成熟到成熟的一个历史发展过程，在这个过程中，有反复、有挫折、有失败、有成功，一切其实都是那么的正常，因为其事物背后的发展规律在起作用，历史就是那么跌跌撞撞冲破坎坷地迈入新的阶段的。

正如世界上没有两片相同的树叶一样，世界上也没有哪些国家走完全一样的发展道路。我们之所以走上中国特色社会主义的发展道路，是根据我国的国情和历史发展状况决定的，完全是历史发展的必然选择。今天，社会主义已经不再是一个空洞的名词观念，也不再是过去遭受围追堵截的批判对象，社会主义的发展，特别是社会主义在中国的蓬勃发展，已经足以令世界震惊，它逼得世界上许多的组织、政治势力都把自己打扮成了社会主义的形象和拥护者，都宣称自己就是在搞社会主义。在这样一个纷繁复杂的情况下，社会主义发展的历史现实告诉我们：必须搞清什么是社会主义，必须认识科学社会主义的发展历史。

历史是一面镜子，它让我们看到了发生在历史上的正反两方面的许多经验和教训，让我们知道该去怎么做、怎么认识问题，别犯同样的历史错误；历史也是一个警钟，它告诉我们：就有那么一些人，不顾历史的事实、不顾历史的教训、不顾历史的警示，而是一意孤行、我行我素，闹得世界不太平、不安宁，那么，历史就要在它的头上郑重地敲响警钟，不要让历史的悲剧重演。

历史更是斗争的工具，那些对社会主义抱有敌意的人，往往从历史下手，改动历史，搞起了对中国革命历史的虚无主义，妄图以否定历史的做法否定中国革命的成就和社会主义发展的成就，因此，我们要对那些否定中国革命历史，搞历史虚无主义的人给予一个郑重提示：忘记历史就意味着背叛，否定历史就是无视现实，没有历史就没有根基。只有了解历史、尊重历史，才是发展历史，才是实现社会进步的根基。

历史还是一个尊重规律的慈祥老人，它懂得关爱、懂得呵护、懂得不能让弱小者吃亏、懂得让新生的力量茁壮成长，凡是具有发展前途的东西、凡是具有生命力的事物，不管它最初是多么弱小，都一定会赢得支持、赢得信任、赢得力量和赢得希望，它必将走向繁荣富强，社会主义就是这样一种新的事物、新的力量，它更是一种精神信仰和一种希望，无论遇到什么疾风暴雨、艰难困苦，它都会一往无前、不可阻挡。

社会主义作为一种新生的事物，从最初的一种思想、主义、思潮，到后来的社会运动，再到一种社会主义制度的确立，经历了近500年的历史发展过程，这其中，经历了从空想到科学、从理论到实践、从一国实践到多国实践发展的历史过程，经历了曲折坎坷的发展道路，也经历了辉煌灿烂的发展年代。所以说，社会主义也是一个不断迎接挑战、战胜困难、取得胜利的历史发展过程。

社会主义来到中国，是伴随着帝国主义的洋枪洋炮声走进来的，在中国现代化发展的道路上，我们之所以选择了社会主义，走社会主义的发展道路，是经过了自1840年鸦片战争以来，中国人民在中国近代史发展历程中痛苦选择的结果，是历史和人民的选择，是因为社会主义代表了时代发展前进的方向，是因为只有社会主义才能够救中国。

今天，历史来到了21世纪，社会主义也迎来了新的挑战和新的发展机遇，特别是中国特色社会主义，更是赢得了世界的瞩目和期待，中国人民选择的中国特色社会主义的发展理论、发展道路和发展制度以及它取得的巨大成就，在全世界产生了巨大影响力，也赢得了中国人民的道路自信、理论自信和制度自信，中国精神、中国力量和中国崛起成为不可回避的世界历史话题，一个中华民族伟大复兴的中国梦，正在中华大地上喷薄而出、冉冉升起。

习近平总书记指出，实现中国梦必须走中国道路，必须弘扬中国精神，必须凝聚中国力量。这三个必须，第一次把中国道路、中国精神和中国力量这三大要素统一起来，它是我们党带领人民实现中华民族伟大复兴中国梦的一个基本的执政遵循。特别是走中国特色社会主义道路，是实现中国梦的政治前提。中国特色社会主义道路与中国梦的统一，就是实现中国梦的过程，就是我国经济建设、政治建设、文化建设、社会建设和生态文明建设五位一体全面发展的过程，它体现了建设富强中国、民主中国、文明中国、和谐中国和美丽中国的本质要求。这是历史的结论，这是人民的选择。中国社会主义60多年的发展，特别是改革开放30多年的发展，社会主义道路越走越宽阔，取得了举世瞩目的巨大发展成就，社会主义的"风景这边独好"，我们要坚定不移地沿着中国特色社会主义道路走下去。

今天，我们学习社会主义理论，走中国特色社会主义道路，建设社会主义国家，就要了解社会主义的发展历史，只有了解了社会主义的发展历史，才能够正确认识、评价社会主义发展中面临的一系列问题，才能够正确面对社会主义发展中的各种挑战和困难，才能够坚定社会主义的理想信念。

上篇:思想启蒙与理论自觉

第一章　思想启蒙与空想社会主义的产生

关于什么是社会主义，马克思在1842年10月15日写的《共产主义和奥格斯堡〈总汇报〉》一文中，恩格斯在1843年写的《大陆上社会改革运动的进展》一文中，分别首次使用了“社会主义”一词，并赋予了科学的含义。不过在当时，马克思、恩格斯是把社会主义作为共产主义的同义语来使用的。是关于无产阶级解放条件的学说，即关于消灭一切阶级实现共产主义的一般规律的科学。

但是，“社会主义”仍有各种各样的含义和用法。马克思、恩格斯在《共产党宣言》中，把除了科学社会主义以外的19世纪中叶在欧洲流行的社会主义思潮归纳为反动的社会主义（包括封建社会主义、小资产阶级社会主义和“真正”的社会主义、资产阶级社会主义和批判的空想的社会主义）。

19世纪70年代，西学东渐，“社会主义”一词才开始在日本、中国书刊中出现。日本学者加藤弘之于1870年在《真政大意》中用日文片假名音译西方“社会主义”一词；学者西周于1871年在《百学连环》中意译为“会社之说”；福地源一郎于1878年6月《东京每日新闻》上第一次用汉字意译为“社会主义”。中国的《西洋杂志》于1878年音译为“索昔阿利司”；《万国公报》于1899年意译为“安民新学”、“养民学”；康有为、梁启超从1901年至1902年意译为“人群之说”、“人群主义”。梁启超从1902年

9月25日出版的《新民丛报》第18期开始，把当时日本人通用的“社会主义”一词移植过来。从此，“社会主义”一词在中国书刊中逐步得到使用。梁启超是最先把社会主义学说介绍到中国来的人，李大钊则是第一位在中国传播科学社会主义学说的人。

社会主义一词尽管有各种各样的解释，但社会主义作为一种思想思潮，如果从16世纪的英国空想社会主义思想家托马斯·莫尔1516年所著的《乌托邦》一书算起，到今天已经有近500年的历史了；社会主义作为一种社会运动，从19世纪40年代的欧洲革命运动算起，到今天，有170多年的历史了；社会主义作为一种社会制度，从1917年的俄国十月革命算起，到今天，有近百年的历史了。

在社会主义近500年的发展历史中，有思考、有启示，也有经验和教训，更有辉煌和成就。社会主义不再是一个空想的名词，而是一个实实在在的行动和运动，社会主义思想家们追求的理想，正在中国的大地上，一步步变成美丽的现实。

一　乌托邦的金书——空想社会主义的产生

（一）空想社会主义思想产生的时代背景

一个思想理论的产生都要放在当时那个历史时代去考察、去认识才有意义，像任何理论思想的产生一样，空想社会主义的产生也要放在当时那个历史时代去考察、去认识。那个时代历史发展的进程和成熟程度，决定着那个时代思想认识的发展成熟程度。空想社会主义之所以有空想的成分和内容，就在于那个时代资本主义处于发展的不成熟——是处于资本主义发展的早期——资本积累时期——一个不成熟期，资本主义的各种矛盾和本性还有一个暴露发展的过程。因此，人们对资本主义的认识也有一个发展过程，那时人们的认识也必然带有不成熟的空想的成分和内容，如果我们苛求前人，那就会犯主观主义、唯心主义脱离实际的错误。

空想社会主义的产生是有其时代背景和历史原因的，也是有一个思想矛盾、思想借鉴和认识变化、认识提高的过程，空想社会主义思想认识的产生与当时那个时代背景是紧密相连、密切相关的。对社会发展来讲，空想社会主义就是一个思想孕育、思想启蒙和思想启示的发展背景过程。这其中，夹杂着各种矛盾和问题，因此，与其认识理解空想社会主义的价值及其产生过程，不如了解产生空想社会主义的那个时代背景，只有了解了那个时代的背景及资本主义历史发展的原因，才能够更加深刻理解空想社会主义产生的那些内容和实质，才能正确认识空想社会主义到科学社会主义的历史转变，才能坚定社会主义的理想信念。那么，空想社会主义产生的时代背景和资本主义发展的历史原因及过程是什么呢？

从时代背景来看，那个时代正是资本主义发展的初期阶段。

空想社会主义产生于16世纪初，以英国空想社会主义思想家托马斯·莫尔1516年所著的《乌托邦》一书为例算起，那个时代正是资本主义生产方式在封建社会的母体内孕育成长的时期，也是经过15世纪末到16世纪的世界地理大发现后，西方殖民主义活动大肆泛滥的时期。所谓世界地理大发现，就是15世纪末到17世纪，欧洲一些探险家、航海者出于对东方市场的向往、出于对黄金追求的渴望，以葡萄牙、西班牙的探险家、冒险者为代表，受其本国国王的派遣，开始了第一次为寻找新市场、新航路而进行的大规模殖民主义活动，这次大规模的殖民主义活动不仅打通了新航路、实现了环球航行，还发现了美洲大陆，因此，后人把这次开辟新航路和“发现”美洲新大陆活动，通称为“世界地理大发现”。

在14世纪和15世纪，欧洲地中海沿岸一些城市相继出现了资本主义生产的最初萌芽，南欧一些国家，手工业及商业贸易有了相当程度的发展。一些商人渴望向外扩充贸易，获取更多财富。但从15世纪中叶起，土耳其奥斯曼帝国占据了东西方交通往来的要地——君士坦丁堡及东地中海和黑海周围广大地区，对过往商人横征暴敛，多方刁难，加上那时频繁的战争和海盗活动，从而阻碍了西欧与东方陆上贸易的通道；而由东方经由波斯湾—两河流域—地中海和经由红海—埃及—地中海的两条海上商路又完全为阿拉伯人所操纵。因此，欧洲商人和封建主为了获得比较充裕的东方商品和寻求更多的交换手段——黄金，并免受土耳其人、阿拉伯人及意大利人的层层盘剥，便急于探求通向东方的新航路。同时，由于西方各国在生产技术方面已有很大的提高，中国指南针技术也已从我国传到了欧洲，加上航海术的提高，多桅快速帆船的出现，以及地圆学说理论的发展并获得承认等等，都为当时的远洋探险航行提供了物质条件和思想准备。西班牙和葡萄牙又是两个当时欧洲最强盛的封建中央集权制国家，它们以其有利的地理位置，逐渐成了探索新航路的主要组织者。“地理大发现”以及由此开始的大规模的殖民主义掠夺活动，为欧洲资本主义的发展提供了广阔的市场、巨额的资本和大量廉价的劳动力，资本主义这架剥削人、压迫人的大机器就轰轰烈烈地开始运转起来了。资本主义的早期孕育发展与西方殖民主义活动大肆泛滥这两者之间的相互结合，极大地改变了世界的政治格局和政治面貌，极大地促进了资本主义的发展，但也大大暴露了资本主义的残忍、血腥和贪婪，正像马克思讲的那样，“资本来到世间，从头到脚，每个毛孔都滴着血和肮脏的东西”①。可以说，整个资本主义制度，就是随着大规模的殖民掠夺而兴盛发展起来的。

如，在掠夺财富方面，殖民者是不择手段的。西班牙殖民者在中南美洲就进行了大量而残酷的掠夺，从 1521 年到 1560 年的 40 年里，西班牙殖民者掠走黄金 15 万 7 千公斤、白银 467 万公斤；殖民者不仅掠夺财富，还屠杀人口、贩卖奴隶，进行肮脏野蛮的奴隶贸易活动，据历史估计，在 16 世纪中叶，在西班牙殖民者统治时期，被屠杀和被折磨致死的人就有 1200 万人到 1500 万人。从非洲掠夺并运送到美洲的黑人奴隶，据估计，16 世纪是 90 万人；17

① 《马克思恩格斯选集》第 2 卷，第 265 页。

世纪是 275 万人；18 世纪则达到 700 万人[①]。

资本主义的产生和发展也带来了它的对立面——无产阶级，资本主义在背负着它的对立面——无产阶级的同时，就必然产生和发展着资本主义不可避免的一系列矛盾问题，资本主义发展的一开始就陷入了生产关系与生产力这一自身难以解决的基本矛盾中，且陷入难以自拔、难以解脱的困境。在资本主义发展的初期阶段，在资本主义基本矛盾的发展过程中，在资本主义的发展上升阶段，有些深层次矛盾和问题被掩盖了、被忽视了，同时资本主义的一些问题和深层矛盾还处于一个逐渐暴露展现的过程，人们的认识也有一个逐渐发展深入的过程，不可避免地带有一些空想的成分，不可能一下子达到对事物本质规律的认识。所以，我们在看到资本主义大发展的同时，又看到了资本主义难以解决的基本矛盾和问题，这个矛盾和问题就像一个个扣子和绳索，牢牢地束缚在了资本主义的头上，越到发展的最后就越来越紧、越来越没有空间和发展余地，解决之道就是消灭私有制、消灭资本主义，走向公有制、走向社会主义。

从文化背景来看，16 世纪，也是西方文艺复兴运动发展的全盛时期，更是一个思想启蒙与人文主义全面发展的时期。文艺复兴是资产阶级新思想、新制度反抗封建主义旧思想、旧制度的时期，也是百家争鸣、百花齐放的资产阶级新思想、新文化创立的时期，这个时期在世界历史上称为文艺复兴时期。文艺复兴最初产生于 14 世纪到 15 世纪的意大利，以后发展到法国、英国、德国、西班牙等地，进入 16 世纪，随着西欧资本主义的发展和人民反封建斗争的深入和蓬勃开展，文艺复兴达到了全盛时期。

文艺复兴，表面上看，是一场文艺文化运动，其实，从实质上看，它更是一次带有深刻而强烈的反封建的政治内涵和政治诉求的政治运动和政治革命，它要为新兴的资本主义发展扫清一切思想文

① 《世界近代史》，上海人民出版社 1982 年版，第 5—6 页。

化障碍和体制制度障碍。

文艺复兴针对的是腐朽的封建制度，它的锋芒，指向了代表封建主义精神支柱的天主教会，那时，以罗马教皇为首的天主教会给欧洲封建主义披上了一层神秘的外衣，要打倒封建制度，就必须剥去封建制度外面的那层神秘的外衣，还封建制度本来的黑暗、腐朽、愚昧的真面目。为了使这项运动顺利有效地开展下去，像历史上的文化发展需要借鉴、需要继承一样，文艺复兴运动也借鉴、继承了湮没已久的古希腊、古罗马文化的内容，努力挖掘和借鉴古典文化中与封建制度意识形态相对立的一切积极因素，从语言文字到艺术表现形式都展示出“复古”的倾向，他们把这一切，称之为是对过去古典文化的再生和复兴，“文艺复兴”因此而得名。文艺复兴宣扬的内容是：从人性出发，反对神性；从追求人性自由、幸福出发、反对人性压迫、禁欲主义；从追求财富、追求真理、敢于冒险出发，反对封建割据、人身束缚、道德规范等，并把这些内容统统称之为是上帝赋予的“神圣权利”和“普遍人性”。所有这些都激励新兴的资产阶级去努力创造和努力奋斗。产生于当时的一些绘画作品和文学艺术作品，都反映了上述思想文化意识方面的内容，如，意大利画家达·芬奇（1452—1519）、米开朗琪罗（1475—1564）、拉斐尔（1483—1520）等人作品，文艺复兴早期的意大利诗人但丁（1265—1321）的诗篇《神曲》、薄伽丘（1313—1375）的《十日谈》、法国拉伯雷（约1494—1553）的讽刺小说《巨人和巨人之子》、西班牙塞万提斯（1547—1616）的长篇小说《堂吉诃德》和英国莎士比亚（1564—1616）的戏剧等。

文艺复兴中的资产阶级人文主义思想，在早期同封建主义制度作斗争的过程中，他们的利益与人民群众的利益是有着共同点的，他们的思想家们也能够把自己的痛苦看成是受苦人类的痛苦，而不是某一阶级的痛苦；能够把自己阶级的利益和阶级的性格，说成是“普遍人性”和“普遍性格”。因此，在一定程度上，他们赢得了人民群众的支持，但是，随着运动的发展、随着资本主义的发展，资产阶级提出的所谓人性、人权、自由、幸福等，就表现出极大的矛盾性和虚伪性，它们都是以资产阶级世界观、人生观为核心，都是以追求资产阶级的剥削制度为目的的，它们的发展与追求都是与人民群众的利益格格不入的。所以，资产阶级所宣扬的人性、自由和幸福平等所谓的全人类的价值观和奋斗目标，都是片面的、骗人的，绝不是什么人类的“普遍价值”和“普世目标”，都是资产阶级利用人民群众、愚弄广大人民群众的一种伎俩和骗术而已。

（二）早期空想社会主义代表人物及其主要思想

托马斯·莫尔

托马斯·莫尔出生于英国伦敦，他是早期空想社会主义的代表人物，他是一个资产阶级人文主义的热衷追求者，也是文艺复兴运动的欢呼者、倡导者。他虽然出身贵族，但他却能够深入大众之中，了解、关心大众疾苦，与人民大众交朋友，为他们的利益鼓与呼，为此，他还得罪了国王和贵族阶层。他为人正直、胸怀理想、才华出众、敢于担当，深受大家欢迎和爱戴。他当时生活的年代，正是新兴的资产阶级人文主义思想盛行、文艺复兴运动发展的全盛时期。早年，他的父亲为培养他，就送他去了英国人文主义传播的中心——牛津大学进行学习深造。在那里，莫尔接触了大量的人文主义思想和论著，也被那些思想的精辟论述和哲理所深深吸引，特别是古希腊思想家的作品，如柏拉图的《理想国》等，他迫切希望社会能够出现一个比《理想国》中描绘的更加美好、更加幸福的国家。然而他面临的那个时代和现实是十分残酷的，也是不依人的意志为转移的，新兴资产阶级的本性让他震惊，使他的心灵受到极大伤害，文艺复兴的人文主义中宣扬的是资产阶级的所谓平等、自由、人性和幸福等美好画面，但让人看到的却是新兴资本主义社会的贪婪、侵略、残忍、无助和不幸，这些资本主义的弊病是对资本主义美好社会图景的极大讽刺，也给了空想社会主义思想家们极大的刺激，他们需要在这矛盾的、令人困惑的社会中寻找正确的解决方案。

《乌托邦》是寄托莫尔社会理想和希望的一部文学记述作品，《乌托邦》是中文的译名，它的全名是《关于最完美的国家制度和乌托邦新岛的既有益又有趣的金书》，书名虽然长些，但新颖有趣，号称金书，既包含了对未来设计的乌有空想的成分，也包含了对现实社会中一些实际内容的介绍与抨击。在这里，它有两部分内容：第一部分，是批判揭露性的，体现的是英国当时现实性的内容，介绍了当时社会上资本主义发展初期阶段的人剥削人、“羊吃人”的种种现象和残酷现状；第二部分，是建设性的，描绘的是作者对未来社会的一种理想追求，体现的是虚拟生活的内容。莫尔的乌托邦思想中，既有批判，又有建设；既有空想消极的东西，又有启发积极的成分，它为后来的社会主义思想的发展提供了理论前提和借鉴意义。莫尔在乌托邦中，采取了虚构的游记体形式，以乌托邦这个海外仙岛为背景，描绘了那里的人们生产、生活、劳动和进行教育学习等方面的情况。如，在政治上，那里没有警察和法律，人们都有很高的道德觉悟，法律等于零；在生活方面，人们吃公共食堂，伙食免费；在劳动中，大家一起干活、没有私人财产、产品归公家仓库，每个人需要什么就去领什么；在社会上，没有商品、没有货币、金银被做成了马桶等用具；在教育学习方面，乌托邦人非常聪明，对外来的文化知识，一学就会，如柏拉图、亚里士多德等人的作品……莫尔以乌托邦这种形式，揭露了资本主义血腥的发展史，揭露了旧制度私有制造成的贫富悬殊、两极分化的现状，提出了批判私有制、废除私有制的主张，也描绘了与之相对应的未来公有社会的美好图景，但终究由于历史的局限和认识的局限，不可能认识到私有制的本质和真正找到克服私有制的正确途径。

这些早期思想家们，或多或少地吸收了文艺复兴运动中的人文主义思想因素，又或多或少地看到了资本主义发展过程中的一些表面和虚伪的问题，因此，受那个时代和他们自身条件的局限，他们的思想不可避免地带有那个时代的烙印和特征，带有矛盾性、带有空想性，不可能认识到资本主义发展的内在原因和实质，就不可能触动到资本主义制度的实质，也就不能够找到正确的解决之路，正如不成熟的历史中，必然有不成熟的思想一样，资本主义发展初期的一些不成熟表现，必然带来早期空想社会主义思想家们认识上的一些缺陷和不成熟，这是一个历史的必然。但他们为未来社会主义的发展、为后人的研究思考提供了一个广阔的空间。

二 华丽的蝶变——空想社会主义发展的三个历史阶段

空想社会主义，从莫尔 1516 年写的《乌托邦》算起，到 19 世纪中叶的欧文时期到达顶峰，时间经历了约 300 多年，它大体上可以分为三个历史阶段：（1）16—17 世纪阶段，是资本主义发展的初期阶段，是资本的原始积累时期，也是空想社会主义思想的开端时期；（2）17 世纪中叶至 18 世纪末，这一阶段是资产阶级革命和资本主义制度开始建立的时期，也是空想社会主义深入发展、取得突破的时期；（3）19 世纪前半叶，英、法两国已经基本完成了工业革命，资本主义时代到来，这一时期是空想社会主义理论发展的成熟顶峰时期，也是为科学社会主义理论产生的准备阶段。

（一）空想社会主义的第一阶段

16—17 世纪阶段，是资本主义发展的初期阶段，是资本的原始积累时期，也是资产阶级成长形成时期。与此相对应，也是无产阶级成长形成时期，是无产阶级代表人物的思想成长形成时期。这一时期的特点是不成熟的资本主义在发展，带来的是不成熟的早期的反对资产者的斗争和思想，我们称其为空想社会主义思想的开端，其代表人物是英国的莫尔、意大利的康帕内拉和德国的闵采尔。

早期的空想社会主义，其主要特点是：对未来的理想社会制度只是一种文学上的描述；提出社会主义（或共产主义）的基本原则，如公有制、人人劳动、按需分配等，但它还是一个粗糙而简单的轮廓；在设计未来理想社会方案时是以手工工场为原型，带有家庭劳动的特征与局限；他们反对的只是那时社会的弊端，而不是社会制度，他们并不是想首先解放某一个阶级，而是想通过自己的努力，立即解放全人类。

这个时期的空想社会主义作品有：莫尔的《乌托邦》、康帕内拉的《太阳城》等。

（二）空想社会主义的第二阶段

17 世纪中叶至 18 世纪末，这一阶段是资产阶级革命和资本主义制度开始建立的时期。1640 年英国爆发了资产阶级革命，1668 年建立了世界上第一个带有资产阶级性质的政治制度——君主立宪制度；法国是 1789 年爆发资产阶级革命，于 1792 年 9 月推翻了封建主义王权统治，建立了资产阶级共和国。这一时期，欧洲还爆发了影响深远的产业革命，资本主义有了大规模的飞速发展，无产阶级也有了大发展。

这一时期，历史背景是资产阶级文化发展的启蒙运动时期，它的代表人物有孟德斯鸠、伏尔泰、狄德罗和卢梭等，由于启蒙运动的中心在法国，所以，法国的启蒙运动最为活跃，它是过去文艺复兴运动深入发展的新阶段。这一阶段，启蒙运动就像一枚硬币，也是具有两面性的：一方面，它轰轰烈烈地开展，为资产阶级的反封建运动发展提供了文化舆论的支持，并能够在法律和制度层面，为资本主义发展指明方向和道路，使人权、自由、民主、科学等思想更加深入人心，推动了资本主义制度的建立和发展；另一方面，启蒙运动也大大解放了人们的思想、开阔了人们的眼界，人们在接受学习资本主义启蒙运动文化思想的时候，使自已不仅认清了封建主义的黑暗，也更加认清了资本主义的实质和弊端，认清了资本主义还有虚伪、残忍、骗人的一面。因此，伴随着启蒙运动的发展，出现了一些比他们——资产阶级启蒙运动思想家们更为进步的空想社会主义启蒙思想家，如法国的让·梅叶、巴贝夫、摩莱里和马布利等主要代表人物，他们的思想往往开始从法律、法典的形式出发，来论证社会的不合理现象和问题，把矛头直接指向了宗教、封建主义和私有制，大大超出了一些启蒙运动思想家的想象，如法国梅叶（1664—1729）的著作《遗书》所展示的思想，就使得当时资产阶级启蒙运动著名思想家狄德罗大感震惊，他形容自己看后是胆战心惊。可见，空想社会主义思想是具有多么大的力量和威力。它突破了早期莫尔的空想社会主义的文学描绘阶段，突破了私有制界限，明确提出了反封建、反资本主义、反私有制的思想和制度设计，所以，恩格斯说这是“直接共产主义”。因此，这一时期也是空想社会主义深入发展、取得突破的时期。

18 世纪的空想社会主义，主要特点是：认识进入理论探讨和论证阶段，并用“法典”的形式作出明确的规定；对人类社会发展规律的探索，对私有制、特别是资本主义私有制的批判，对私有制引起的经济上的不平等，进而导致政治上的不平等的论述，对过去所有的国家制度都是建立在私有制基础上、并为富人服务的分析等，已经接近历史的实际；有了初步的阶级观点。但由于历史和阶级的局限，它表现出来的“绝对平均主义的、禁欲主义的、禁绝一切生活享受的、斯巴达式的共产主义”是其突出特点。这种平均主义、禁欲主义的主张，给后来的社会主义实践带来了不利的负面影响。

（三）空想社会主义的第三阶段

19 世纪前半叶，英、法两国已经基本完成了工业革命，即机器大工业代替手工业的社会变革过程，欧洲其他国家也纷纷开始了工业革命的进程，随着资本主义时代的到来，日益形成了两大对立的两个阶级：资产阶级和无产阶级。随着资本主义的发展，资产阶级启蒙运动标榜的人人都能够享有的“人权、自由、平等、博爱”等口号，却一个也没有能够真正降临到人民群众的头上，人民群众仍然过着和过去一样的痛苦生活，这种现实和状况，使得作为资产阶级启蒙运动和资产阶级革命产儿的空想社会主义思想家，不得不以“工人阶级的代言人”身份出现来批判资本主义和揭露资产阶级的虚伪性和欺骗性。

这一时期，是空想社会主义理论发展的成熟顶峰时期，出现了三个伟大的空想社会主义思想家，即法国的圣西门（1760—1825）、傅立叶（1772—1837）和英国的欧文（1771—1858）。

这一时期空想社会主义的主要特点是：批判矛头直接对准资本主义制度；理论上提出了经济状况是政治制度的基础，私有制产生阶级和阶级剥削等观点，并用这种观点去分析历史和现状，从而预测到资本主义制度的剥削本质；在设计未来社会蓝图时克服了以往的空想社会主义者追求的家庭手工业的劳动形式，代之而来的是以现代大工厂为原型，完全抛弃了平均主义和禁欲主义，使社会主义成为一种具有高度的物质文明和精神文明的社会。

空想社会主义思想家们甚至进行了社会实验，1824 年，欧文在美国印第安纳州买下 1214 公顷土地，开始了新和谐公社又叫合作村实验；后来，又在英国进行了实验，建立了大约500个合作社，限于当时的条件，加上由于设计过于细致、脱离实际，难免就显得不现实，有空想成分，所以实验最后是以失败告终，而欧文也因此破产。但马克思对欧文的这种合作社运动的实践，给予了极高的评价，称之为共产主义公社实验，后来无产阶级的革命导师恩格斯也给予了欧文以很高的评价，称他是工人运动的先驱代表者，是社会主义的创始人，欧文思想也同圣西门、傅立叶的空想社会主义学说一样，成为马克思主义产生的三个理论来源之一。

三　天才的思想——空想社会主义的历史价值

"空想社会主义"这个名词，在马克思主义经典作家那里，使用是很谨慎的，从来没有将它与凭空想象联系在一起，他们在论述科学社会主义理论创建过程时，为避免人们对空想社会主义理论重要价值的忽视，颇费心思地把空想社会主义学说发展的三个阶段，分别命名为"共产主义微光"、"直接的共产主义理论"和"社会主义创始人"，并热情地讲到，德国理论上的社会主义永远不要忘记，它是依靠圣西门、傅立叶、欧文这三位思想家而确立起来的。因此，空想社会主义思想尽管带有历史的局限性，但它的精神和实践带给后人的启示是重大而深刻的，可以说，没有空想社会主义，就没有科学社会主义。所以，正确认识评价空想社会主义的历史价值，对于我们今天建设中国特色社会主义，是有现实意义和历史意义的。

1. 借鉴和继承了前人的优秀文化思想，开创了空想社会主义新阶段

任何思想认识都不可能是孤立产生，它都是在前人思想认识和历史发展的基础上借鉴产生的。空想社会主义的理论也是如此。以莫尔为代表的早期空想社会主义思想家，就是借鉴学习了他那个时代的文化思想内容，如古希腊柏拉图的《理想国》内容、资本主义文艺复兴时期人文主义思想的一些内容等，这些思想文化，不仅

开阔了他的视野，也启发了他的思维创新，在进行了大量实践和深入社会生活的基础上，他又进行了自己的思考和理论创新，开启了对早期资本主义的揭露和批判，开创了早期空想社会主义的理论，它打开了人们的思路和视野，成为了那个时代与资本主义文化思想相对立、作斗争的一种新的文化思想思潮。

空想社会主义第二阶段的法国梅叶，也是和前人莫尔一样，他作为神甫人员，在学习《圣经》过程中，也借鉴《圣经》中的一些思想元素，又用《圣经》中的一些语言批判宗教、批判这个不合理的制度和社会，并指明了造成这个社会一切祸害的总根源就是私有制。

梅叶在他的著作《遗书》中说，本来该入地狱的人，却过着天堂般的生活；本来该入天堂享福的人，却过着地狱般的生活，这种不公平、不合理的社会，我生时不敢议论他们，至少死时、死后要揭发他们，让大家知道他们的真相。

后期的圣西门，首先在社会发展规律方面进行了一些探索，提出了人类社会是一个有规律的发展过程，每一种社会制度的出现都是过去历史发展的必然结果。他还认为每一个社会都存在着两种性质完全不同和对立的力量，即衰亡的力量和新生的力量，由于它们之间的斗争，新生的力量必然战胜衰亡的力量。圣西门这种思想，包含了社会基本矛盾的思想萌芽，对于批判资本主义永恒论很有借鉴价值和启示意义。

傅立叶也是如此，他认为，社会运动是一个由低级向高级发展的过程，新社会将在旧社会的衰亡中获得胜利。每个社会都包含了前一制度的残余和未来社会的萌芽，都要被新的制度所代替，等等。他还得出了结论：资本主义是人类社会历史长河中的一个暂时阶段。因此，恩格斯讲道，“傅立叶是和他的同时代人黑格尔一样巧妙地掌握了辩证法的”①。

在社会历史观方面，后期的第三阶段空想社会主义者的学说代

① 《马克思恩格斯选集》第3卷，人民出版社1972年版，第412页。

表了空想社会主义发展到了一个新的历史阶段，他们突破了18世纪唯心主义的界限，增强了现实主义色彩，提出了一系列的辩证的、发展的思想和唯物主义因素，这在当时都是非常杰出的思想，为后来科学社会主义的产生，提供了思想源泉和理论基础。

2. 第一次大胆批判资本主义的虚伪、残忍，为人类社会描绘了一幅人人平等的美好图景

托马斯·莫尔那个时代，还处在资本主义发展的上升时期，他迫切希望社会能够出现一个比柏拉图《理想国》中描绘的更加美好、更加幸福的国家。然而他面临的那个时代和现实又是十分残酷的，新兴的资产阶级没能够给他带来惊喜，资产阶级的本性却让他震惊，使他的心灵受到极大伤害，文艺复兴的人文主义中宣扬的是资产阶级的所谓平等、自由、人性和幸福等美好画面，但让人看到的却是新兴资本主义社会的贪婪、侵略、残忍、无助和不幸，于是就出现了本来曾经是温顺的羊，却随着资本主义的发展扩张，而变得疯狂起来，开始了“羊吃人”的运动。这些资本主义的弊病是对资本主义美好社会图景的极大讽刺，也给了空想社会主义思想家们极大的刺激，他们需要在这矛盾的、令人困惑的社会中寻找正确的解决方案。

于是，在那样的一种社会现实面前，托马斯·莫尔不得不借助文学作品的形式，来对这个社会进行梳理，以表达自己对未来美好生活的期盼。《乌托邦》就是莫尔第一个对资本主义发起攻击批判的文学作品，他的许多思想内容后来多次被马克思的作品所引用，特别是马克思的《资本论》中关于“羊吃人”的描绘和揭露，就是来源于莫尔的《乌托邦》。可以说，莫尔生活的那个时代，正是资本主义发展的初期阶段，也正是资本主义与封建制度作斗争而处于欣欣向荣的阶段，资本主义的本质还有一个逐渐展现和暴露的过程，在那样的历史条件下，能够对资本主义展开批判和揭露，实属不易和难能可贵，也为后来科学社会主义的产生提供了思想基础。

资产阶级文艺复兴和人本思想宣传的是平等、博爱等，但在现

实生活中，却找不到它们的影子，因此，后期的空想社会主义思想家圣西门认为，这是一个是非颠倒和欺骗的世界；同时期的傅立叶也说，资产阶级的人权是虚伪的，资本主义是富人的天堂，穷人的地狱。他还对资本主义的经济关系进行了批判，提出了工人的贫困化问题、生产过剩所引起的危机和资本主义竞争导致垄断等观点，马克思说，这是傅立叶不朽的功绩。

傅立叶最了不起的地方，还表现在他对社会历史的看法上。他把社会历史的全部历程分为四个发展阶段：蒙昧、宗法、野蛮和文明。最后一个阶段就相当于现在所谓的资产阶级社会，他指出："这种文明制度使野蛮时代每一个简单方式犯下的罪恶，都采取了复杂的、暧昧的、两面的、虚伪的存在形式"；文明时代是在"恶性循环"中运动，是在它不断地重新制造出来而又无法克服的矛盾中运动，因此，它所达到的结果总是同它希望达到或者佯言希望达到的相反。所以，譬如说，"在文明时代，贫困是由过剩本身产生的"。

傅立叶为自己的未来社会理想制度设计了一个蓝图，名字叫"法郎吉"，也叫和谐制度，它是一种工农结合的社会基层劳动组织。在法郎吉内，有工厂区、生活区，有食堂、商场、俱乐部、图书馆等。人人劳动、人人平等、免费教育、工农结合、没有城乡差别，是一个美好幸福的生活劳动家园。当然，这幅美好的图景不可能如他所愿真正实现，但他却为科学社会主义的创立提供了宝贵的思想材料。

3. 展示了敢于实践、敢于创新的探索精神

无论是早期的莫尔还是后来的梅叶，以至于所有空想社会主义者，都是具有牺牲精神和探索精神的伟大人物。英国空想社会主义者欧文，也是一个敢于实践、敢于创新的伟大人物，他为了实现人类社会的美好理想，不惜放弃个人优越舒适的生活，而进行一个又一个的社会实践和探索。1824 年，欧文在美国印第安纳州买下 1214 公顷土地，开始了新和谐公社又叫合作村的实验，他要用自己的和谐合作村实践取代资本主义竞争贪婪带来的痛苦。由于吃大

锅饭、由于人们的素质和觉悟的差异，来参加公社的人又形形色色，抱有各种目的，有着各种各样的想法，所以，不久社员之间就产生了各种矛盾，变得就不像预想的那么“和谐”了。加上由于外界关系的影响等，欧文的实验坚持不下去了。但是他仍然没有放弃，后来，又返回英国继续进行他的实验，他建立了大约500个合作社，由于设计和建设过于细致和理想、脱离实际，难免就显得不现实，有空想成分，所以实验最后是以失败告终，而欧文也因此而破产。但马克思对欧文的这种合作社运动的实践，给予了极高的评价，称之为共产主义公社实验，后来无产阶级的革命导师恩格斯也给予了欧文以很高的评价，称他是工人运动的先驱代表者，欧文还写了许多著作，如《新道德世界书》、《论婚姻、宗教和私有财产》等，欧文思想也同圣西门、傅立叶的空想社会主义学说一样，成为马克思主义产生的三个理论来源之一。

4. 体现了孜孜以求、百折不挠的奋斗牺牲精神

科学与真理的成长和创立不是一帆风顺的，有时甚至要付出生命的代价，空想社会主义思想的成长也是如此。早期空想社会主义者莫尔为了避免麻烦，采取的是文学叙事方式，来揭露资本主义的虚伪；法国的梅叶则采取了直接揭露和批判的方式，突破了莫尔的文学叙事方式，明确提出了反封建、反资本主义、反私有制的思想和制度设计，为此，梅叶受到了统治阶级宗教势力的歧视和迫害，但他一生也没有屈服。

意大利的康帕内拉，也是一个百折不挠、顽强奋斗的战士，他从17岁开始，一直到69岁生命结束，有30年过的是牢狱生活，在监狱里，他遭受了各种各样的身体摧残和精神折磨，多次是死里逃生、死中得活，但他仍然意志坚定、不甘屈服，为了理想和事业，他不得不装疯等，在黑暗、寒冷、痛苦的牢狱生活中，他偷偷摸摸顽强地完成了他的著作《太阳城》，他要用阳光、温暖、幸福来扫荡并克服黑暗、寒冷、痛苦的那个社会制度和生活。《太阳城》的思想一经问世，就像太阳一样唤醒和普照了那个黑暗的世界。

第二章 理论自觉与科学社会主义的创立

恩格斯讲，空想社会主义是在理性王国已经破产，资本主义制度的恶果开始暴露，但还不充分的情况下产生出来的社会思潮，空想社会主义对资本主义制度的批判抨击，反映了劳动人民不满资本主义制度，希望建立新的美好社会制度的一种理想追求。它对于唤醒民众反对资本主义制度，具有积极作用。尽管三大空想社会主义设计的未来社会的理想蓝图和思想内容有其历史局限和空想成分，但其不懈的探索精神，使得其理论也具有了不少合理的东西，这些合理的东西，为科学社会主义的创立和产生，提供了思想理论来源。

一 横空出世——社会主义从空想到科学的发展

空想社会主义的思想体系在其漫长的历史发展过程中，认识水平和批判能力不断提高，空想的色彩是越来越少，现实主义精神和科学成分逐步增多，这就为科学社会主义的创立和产生，提供了有益的发展空间。

1. 科学社会主义创立的历史背景和必然性

科学社会主义创立于19世纪40年代，以1848年《共产党宣言》的发表为标志，宣示着科学社会主义的诞生，它的诞生和创立不是偶然的事情，它是世界历史发展过程中一个必然的产物，它的横空出世是人类历史上的大事件，具有划时代的伟大意义。

19世纪上半期，是资本主义生产方式在西欧一些国家开始占统治地位的时期，开始了机器大工业生产的新阶段，如英国、法国、德国等。英国是资本主义发展较早的国家，受近代第一次科技革命的影响，它从18世纪60年代开始产业革命，到19世纪三四十年代基本完成。由于大机器的使用，使得生产力水平大大提高，它的工业产量和对外贸易量大大提高，在资本主义世界占据了显著的优势地位，1840年，它的工业产量是世界工业生产总额的45%；对外贸易是世界贸易总额的21%。因此，英国被称为当时的“世界工厂”。法国、德国也是如此。

资本主义的快速发展，一方面带来了社会生产力的大发展；另一方面带来了社会矛盾的尖锐化。即形成了生产的社会化和资本主义私人占有之间的矛盾，这个矛盾随着资本主义的发展，随着资本主义经济危机的周期性爆发，而变得越来越尖锐化，工人阶级并没有随着资本主义的发展而改善自己的生活，反而陷入更加痛苦的深渊，它暴露了资本主义的弊端和局限性。

《21世纪资本论》作者法国的托马斯·皮克迪在书中描绘了19世纪英国资本主义的情况，1803年，英国最富裕的1.4%的家庭取得国民总收入的15.7%；到了1867年，工业革命完成时，0.07%的家庭就取得16.2%的国民总收入。而当时的工人阶级状况的记录更是令人不忍卒读。据史料记载，在一个受访的工人家庭，父亲因伤失去了劳动能力，全家就靠一个5岁的儿子做工来维持生活。一开始，这位父亲还出于自尊拒绝吃儿子挣来的面包，可是后来，他发展到与儿子争食的地步，结果是这个5岁的孩子常常饿着肚子出门工作。不仅仅是马克思、恩格斯强烈批判资本主义对社会的负面影响，就是自由主义者也不能容忍这种社会现象。当时的英国自由主义政治评论家托马斯·卡莱尔对这种现象进行了严厉批判：“我们的生活是没有互助的，相反，在名为自由竞争的战争法则之下成为互相敌对的状态。……现在人们认为金钱能够赦免一切罪恶，能够解除人与人之间的一切约定，也就是说，只要有了钱，什么道德、公理、公正，一切都无所谓。”①

资本主义的矛盾和经济危机，给工人阶级带来了极大的痛苦和灾难，也加深了工人阶级与资产阶级的矛盾，它逼迫工人阶级开始了同资产阶级的斗争，斗争的形式由最初的捣毁机器，到后来的群众性罢工和政治示威以及武装起义等，工人运动的形式不断发展，工人阶级的觉悟不断提高，如19世纪三四十年代，就爆发过多次大规模的政治罢工和武装起义。其中，最著名的有法国的里昂丝织工人起义、英国的工人宪章运动和德国的西里西亚纺织工人起义等。但最后的结果是，工人阶级的斗争都失败了。反复寻找原因、反复总结教训的结果就是：尽管工人阶级的斗争形式不断发展提高，工人阶级的组织程度不断提高，工人阶级斗争的意志非常坚定，但是，由于缺乏一个革命的、科学的理论武装和指导，在工人阶级斗争的根本问题上，空想社会主义已经不能够给予及时必要的正确帮助了，所以，形势的发展需要有一个科学正确的理论来进行指导，形势需要把社会主义从空想变成科学，就成为那个时代工人阶级斗争迫切需要解决的一项重大的政治任务，那个时代也能够解决和完成这样的历史任务。

科技革命、产业革命的发展，资本主义基本矛盾的运动发展和工人阶级开始的独立政治运动，这些条件和因素为科学社会主义的创立产生提供了物质基础。

2. 科学社会主义创立的思想理论基础

任何思想理论都是一定历史条件下的产物，科学社会主义的创立产生也是如此。科学社会主义产生除了那个时代提供的物质基础条件外，还有那个时代提供的思想理论方面的精神基础条件。后人——我们的马克思主义者，就是在前人的思想理论和学说的基础

① 《光明日报》，2014年6月23日第12版，张浚。

上，创立和产生出科学社会主义的思想理论。德国的古典哲学、英国的古典政治经济学和英、法的三大空想社会主义学说，成为马克思主义的三个来源，也是科学社会主义理论创立产生的思想理论基础。

德国的古典哲学，产生于18世纪末到19世纪初，黑格尔和费尔巴哈是德国古典哲学的两个著名代表，他们是德国新兴资产阶级的哲学，它反映了工业革命和法国大革命的社会影响和变化，吸收了以往启蒙思想家和哲学家们的思想成果，提出了一些新的重大的哲学问题，把哲学思维提高到一个新的历史水平，在世界哲学史上具有重要的历史价值和历史地位。

黑格尔（1770—1831）是德国伟大的唯心主义哲学家，他在历史上第一次以唯心主义形式系统地阐述了辩证法的基本规律，论述了关于世界发展的一系列思想，认为世界的一切都是在永恒地运动、变化和发展的，矛盾是一切事物发展的源泉，事物的发展经历着由量变到质变、由质变再到量变的否定之否定的过程。这是黑格尔辩证法的基本思想和他哲学中的“合理内核”，也是当时德国哲学的最大成果，但他的辩证法是唯心的、有局限的，他的辩证法主体不是客观的物质世界，而是一种“绝对精神”的自我运动，他把我们的现实世界看成是某种精神的体现，即“绝对精神”的体现，认为现实发展的不是自然和社会本身，而是所谓的“绝对精神”。这样，就把一切都弄得头脚倒置了。由于他的唯心主义体系的束缚，他的辩证法也是不彻底的。

费尔巴哈（1804—1872）是德国伟大的机械唯物主义的代表，他批评了黑格尔的唯心主义，恢复了唯物主义的权威。认为，世界是物质的，物质是第一性的，物质不是精神的产物，而精神是物质的产物，物质以外没有什么独立存在的“绝对精神”，黑格尔的所谓绝对精神，不过是上帝的别名而已。费尔巴哈关于物质与精神关系的唯物主义解释，是他的哲学的基本内核，也是他的历史功绩，但他把黑格尔的辩证法也抛弃掉了，他的唯物主义哲学就成为机械的、形而上学的，在解释社会现象时仍然是唯心主义的。

英国古典政治经济学代表是亚当·斯密（1723—1790）和大卫·李嘉图（1772—1823）。他们的主要贡献是提出了劳动价值论，认为商品的价值是由劳动创造的，劳动是由生产商品的劳动量（时间）决定的，工资、利润和地租是劳动创造价值的表现形式，也是工人、资本家和地主三大阶级的基本收入，在三个基本收入中，只有工资是劳动收入，斯密指出，利润就是雇佣工人无偿劳动创造出来的价值。马克思评价，“斯密认识到了剩余价值的真正的起源”。李嘉图认为，工资和利润是相互矛盾的，利润越高则工资越低。揭示了阶级之间的经济矛盾和对立。古典政治经济学的局限是：只是笼统地提出劳动价值论，没有认识到劳动的双重性，没有找到什么样的劳动形成价值，剩余价值是怎么样产生的等等；在社会历史观上，没有看到商品关系背后的人与人的剥削关系，而是把资本家和工人都看成了是商品价值的共同创造者。他们还竭力为资本主义制度辩护，把资本主义说成是永恒的制度。

法国的圣西门、傅立叶和英国的欧文，他们的学说代表了空想社会主义达到了一个最高阶段。第一，他们批判了资本主义制度的局限性，揭露了资本主义的虚伪性和残酷性，指出资本主义是一个暂时的、过渡的历史阶段，体现了唯物史观的思想萌芽；第二，对资本主义经济危机带来的灾难进行了批判，诉说了无产阶级的悲惨境地，指明了私有制是资本主义制度一切罪恶的根源；第三，对未来的社会制度进行了探索性描绘和实践：主张实行公有制，有计划地统一组织社会生产，劳动不再是谋生的手段，而是一种乐生的需要；实行按需分配，提出按劳分配的思想；国家对人的统治变为对物的管理和对生产的领导，即国家制度消亡的思想；此外，还提出了消灭城乡三大差别、妇女解放、教育与劳动生产相结合、和平外交等思想，他们思想的局限是：幻想和平、反对暴力手段；没有认识到资本主义制度存在的内在原因，而认为它是人类理性的迷误而已，带有一定的唯心主义色彩；没有认识到人民群众和无产阶级在社会变革中的力量，而是把希望寄托在统治阶级和富人的善心上面等，但马克思、恩格斯为此还是对他们的思想理论成果给予了很高的评价，认为在科学社会主义创立以前，“空想社会主义本身包含着这种社会主义的萌芽”，[①] 19 世纪的三大空想社会主义成为我们科学社会主义产生创立的直接思想来源。

3. 社会主义是怎样从空想发展到科学的

社会主义从空想到科学的发展，除了需要物质条件、历史背景和精神条件、思想成果以外，还取决于当时政治人物、领袖人物的政治成熟程度和理论准备情况与创新发展能力，即取决于领袖人物对时代、对历史进程情况的正确分析和理论联系实际的把握。离开这一点，谈社会主义由空想到科学的创立是不科学和不现实的，而马克思、恩格斯就属于那个时代的政治人物和领袖人物，并具备了能够将理论与那个时代的实际情况相结合，创造性地提出新思想新理论的条件和能力，使社会主义从空想开始走向科学的发展道路。

马克思

马克思、恩格斯对社会主义从空想到科学的创立，是作出了巨大的历史性贡献的。马克思（1818—1883）出生于德国莱茵省的小城特里尔的一个律师家庭。恩格斯（1820—1895）也是德国莱茵省人，出生于巴门市的一个纺织工厂主家庭。共同的理想志向把马克思、恩格斯紧密地联系在一起，早年，马克思、恩格斯都接受了黑格尔唯心主义哲学的影响，并参加青年黑格尔派批判宗教和封建制度的斗争，以后，他们又在费尔巴哈哲学思想的影响下，开始转向唯物主义。在参加的一些实际的政治生活斗

① 《马克思恩格斯全集》第 34 卷，第 281 页。

争中，在广泛接触社会、深入工人群众的过程中，开始了同工人领袖和工人组织的密切联系。同时，他们还深入研究了政治经济学、空想社会主义和法国大革命的历史，这对他们转向共产主义具有决定性的意义。期间，他们撰写了许多文章，1844 年 2 月，在《德法年鉴》上，马克思发表了《论犹太人问题》(《黑格尔法哲学批判》导言)，恩格斯发表了《政治经济学批判大纲》，1844—1846 年，他们共同合写了《神圣家族》、《德意志意识形态》，以此来创立科学的世界观，制定科学社会主义的基本原理。在这些著述中，他们抛弃了黑格尔的唯心主义，批判地吸收了他的辩证法的“合理内核”；抛弃了费尔巴哈的形而上学和历史唯心主义，批判地吸收了他的唯物主义“基本内核”，并把它推向前进，贯彻到社会历史领域，创立了辩证唯物主义和历史唯物主义。又在唯物史观的基础上，对现代资本主义制度进行了分析解剖，并在批判地吸收英国古典政治经济学的劳动价值论基础上，创立了剩余价值理论的学说。唯物史观和剩余价值两大理论的创立，具有划时代的伟大历史意义和历史贡献，它使社会主义由空想到科学的发展，提供了强大的思想理论支撑，是社会主义发展史上的一件里程碑式的大事件。正像恩格斯在《反杜林论》中描述的那样，“它使社会主义者早先像资产阶级经济学者一样在深沉的黑暗中摸索的经济领域，得到了明亮的阳光的照耀。科学社会主义就是从此开始，以此为中心发展起来的。”①

唯物史观是科学社会主义创立的第一块理论基石，它揭示了人类社会发展的一般规律，提出了社会基本矛盾的运动是社会发展的根本动力，生产方式的变革是社会发展的决定力量。生产力决定生产关系，社会生产力是人类全部历史的基础。在哲学领域，提出了社会存在决定社会意识，这是历史唯物主义的基本原理。在对待人民群众的态度上，肯定了人民群众的历史地位，社会活动是人民群

① 《马克思恩格斯选集》第 3 卷，人民出版社 1972 年版，第 243 页。

众的事业，人民群众是历史的创造者，在阶级社会中，生产力与生产关系之间的矛盾表现为阶级斗争，阶级社会的历史是阶级斗争的历史，阶级斗争是阶级社会发展的直接动力，肯定了阶级斗争在历史发展中的重要作用。

剩余价值学说是科学社会主义创立的另一块重要基石。在剩余价值学说中，第一，揭示了资本主义剥削的秘密，克服了亚当·斯密劳动价值论的局限，创立了马克思主义的劳动价值论，提出了生产资料私人占有与生产社会化的矛盾，这个基本矛盾在资本主义社会本身是无法解决的，并且，随着社会的发展，这一矛盾还会日益激化，所以，用社会主义公有制取代资本主义私有制，消灭资本主义雇佣劳动制度，是解决这个矛盾的时代要求和历史必然。第二，阐明了无产阶级的历史使命。无产阶级必须联合起来，用暴力的手段来推翻资本主义制度，才能真正实现自己的解放。

科学社会主义的创立，为无产阶级的斗争指明了方向，也为无产阶级的斗争提供了强有力的理论武装。从此，无产阶级的斗争由盲目自发的过程变为理论自觉的行动，无产阶级也由一个自在的阶级变为了一个自为的阶级，它开始了无产阶级革命和解放斗争的新纪元。

二　理论奠基——科学社会主义的主要内容

科学社会主义是在批判空想社会主义的基础上创立的，它是工人运动斗争的产物，是马克思、恩格斯伟大的历史性创造成果，为今后社会主义运动的开展和社会主义制度的建立提供了强大思想基础，是一次划时代的理论奠基。

1848 年 2 月发表的《共产党宣言》，不仅标志着世界上第一个工人阶级政党纲领的产生，还向全世界宣示了第一个科学社会主义的基本原理。《共产党宣言》（以下简称《宣言》）是一个周详的理论和实践的党纲，它把马克思主义哲学、政治经济学和科学社会主义原理融为一体，是关于无产阶级世界观、阶级斗争、共产主义社会和无产阶级历史使命的革命理论，它的发表，对于促进国际共产主义运动，对于世界历史发展进程的演变，都将产生不可估量的巨大影响。它所阐明的科学社会主义的基本原理如下：

1. 运用唯物史观原理，提出了资本主义必然灭亡、共产主义必然胜利的规律

《宣言》概括了历史发展的进程，考察了资本主义的发展历史，指明了资本主义在历史发展进程中曾经发挥的非常革命的作用，但随着生产力的发展，资本主义生产资料私人占有制与生产社会化之间的矛盾越来越尖锐和激化，资产阶级的关系已经太狭窄了，再也容纳不下它本身所创造的财富了。“资产阶级用来推翻封建制度的武器，现在却对准资产阶级自己了。”因此，资产阶级的灭亡和无产阶级的胜利是同样不可避免的。

2. 阐明了无产阶级政党的性质、特点和基本纲领，论述了无产阶级的历史使命和解放道路

《宣言》分析了无产阶级的地位和历史使命，阐明了无产阶级的政党——共产党的性质、特点、基本纲领和策略原则。共产党是无产阶级的政党，“他们没有任何同整个无产阶级的利益不同的利益”。在无产阶级和资产阶级的斗争所经历的各个发展阶段上，共产党人始终代表整个运动的利益。在实践方面，它是无产阶级中最先进的部队；在理论方面，他们了解无产阶级运动的条件、进程和一般结果。在奋斗目标上，提出了共产党人的最近目的是推翻资产阶级的统治，由无产阶级夺取政权。无产阶级将利用自己获得的政治统治地位，一步一步地夺取资产阶级的全部资本，把一切生产工具集中在国家即组织成为统治阶级的无产阶级手里（实行生产资料公有制），并且尽可能快地增加生产力的总量。今天看来，这也是战胜资本主义、巩固社会主义的必然条件和法宝，《宣言》为此还提出了完成这些任务和目标的具体办法和措施。最后，《宣言》对无产阶级解放的未来前景，也做了一个精辟的概括：最终的社会

"将是这样一个联合体，在那里，每个人的自由发展是一切人的自由发展的条件"。

3. 分析了当时社会主义和共产主义的各种流派，揭露了他们的理论局限和阶级性质，明晰了科学社会主义与这些流派的界限

《宣言》分析了各种流派的思想基础和阶级根源，用辛辣、讽刺的语言和笔调，描绘了各种流派的观点和面貌，说他们"半是挽歌，半是榜文，半是过去的回音，半是未来的恫吓"。"为了拉拢人民，贵族们把无产阶级的乞食袋当作旗帜来挥舞。但是，每当人民跟着他们走的时候，都发现他们的臀部带有旧的封建纹章，于是就哈哈大笑，一哄而散。"

当然，在介绍和评价这些流派时，也对他们进行了一分为二的分析，但最终他们的思想观点是落后于现实、落后于时代发展要求的，是阻碍工人运动的发展的，是必然要被历史淘汰的，科学社会主义理论才是彻底的理论、是真理，所以它能够被工人阶级所接受，它也是工人阶级进行斗争和夺取胜利的法宝。正如革命导师列宁所说，只有承认阶级斗争、同时也承认无产阶级专政的人，才是马克思主义者。这是马克思主义与各种社会主义流派的根本区别。

4. 指明了共产党人对未来的态度和基本原则及策略

那就是：共产党人为工人阶级的最近的目的和利益而斗争，但是他们在当前的运动中同时代表运动的未来；共产党人到处都支持一切反对现存的社会制度和政治制度的革命运动；提出了统一战线思想，共产党人到处都努力争取全世界的民主政党之间的团结和协调；共产党人不屑于隐瞒自己的观点和意图。他们公开宣布：他们的目的只有用暴力推翻全部现存的社会制度才能达到。让统治阶级在共产主义革命面前发抖吧。无产者在这个革命中失去的只是锁链。他们获得的将是整个世界。全世界无产者，联合起来！

5. 科学社会主义理论的丰富发展

随着工人运动的发展，随着马克思主义同各种修正主义、机会主义的斗争过程，科学社会主义理论也在不断发展，在马克思、恩

格斯的努力探索下，科学社会主义的基本原理更加丰富，除了《宣言》中的上述基本思想，他们还提出了无产阶级的统一战线思想、无产阶级的国际主义思想、坚持无产阶级政党领导思想和无产阶级专政的思想。有的学者把它与以前的思想合起来，概括为七点思想原则：即社会主义必然代替资本主义思想；无产阶级的历史地位和历史使命思想；统一战线思想；无产阶级国际主义思想；坚持无产阶级政党领导思想；坚持无产阶级专政思想；社会主义公有制思想。

统一战线思想，是依据仅仅依靠无产阶级自己的力量，来推翻资本主义制度、建立共产主义制度是不够的，必须联合一切可以联合的力量，建立无产阶级的统一战线，依靠强大的工农联盟，壮大无产阶级的力量，才能完成无产阶级的历史使命。

无产阶级国际主义思想，世界各国无产阶级的利益和奋斗目标是一致的，在资本主义发展和统治成为一种国际势力的时候，无产阶级也必须联合起来，成为一种国际势力，就是国际主义的思想原则，这是战胜资本主义势力和制度的根本保证，是无产阶级解放的首要条件之一。正像马克思、恩格斯在《共产党宣言》中讲到的那样，“全世界无产者，联合起来!”这一凝结着国际主义精神的战斗口号，激励和鼓舞了世界上多少无产阶级和人民群众相互支持、相互援助、相互合作等，与敌人进行了艰苦卓绝的斗争，取得了一个又一个的伟大胜利。

坚持无产阶级政党的领导。这是马克思主义政党学说和政党建设的重要内容，是保证无产阶级取得胜利的重要法宝。党是一个坚强有力的政治组织，是依靠民主制原则建立起来的，党坚持集体领导、避免个人专制，党是团结统一的、有原则的，不能拿原则做交易，无产阶级政党只有在内部的斗争中才能发展起来，这是符合一般辩证发展规律的。

坚持无产阶级专政的思想。社会主义制度不可能在资本主义内部产生，无产阶级只有打碎旧的资本主义制度，建立无产阶级专政制度，才能真正建立社会主义、共产主义。考虑到各国的制度、风俗和传统，无产阶级的斗争形式可以是多种多样的，有暴力和非暴力的，有合法和非法的，正如恩格斯讲的那样，“工人总有一天必须夺取政权，以便建立一个新的劳动组织；……但是，我们从来没有断言，为了达到这一目的，到处都应该采取同样的手段”①。我们既反对不顾主客观条件成熟与否，而一味热衷于武装起义、密谋活动的盲动主义和冒险主义，也反对沉迷于合法斗争的“议会迷”。

马克思、恩格斯关于东方学说中的“跨越论”设想。马克思、恩格斯的东方学说（以下简称马克思东方学说）是马克思、恩格斯研究东方社会经济政治发展规律的学说，是关于东方社会形态演进的设想。具体说，马克思的东方学说是关于东方社会从前资本主义社会向未来社会的演进方式、发展道路以及实现条件的理论。在这里，东方社会的概念已不是一般意义上的地域概念，而是一个政治概念，是指俄国、中国、印度等东方落后国家。

众所周知，马克思、恩格斯的唯物史观主要是在研究西欧诸国历史和社会现实的基础上创立的。19 世纪 70 年代以前，科学社会主义理论更多是关注生产力高度发达的欧美资本主义国家如何进入社会主义，革命导师马克思、恩格斯在论述资本主义向社会主义过渡问题时，表达的一个重要的前提性论点是，社会主义在客观物质生产力基础层面上只能发生在资本主义生产力发展的顶点上，社会主义存在的全部经济、政治和文化的现实基础只能是高度发达的社会化大生产。这是科学社会主义的基本理论支点。但在 1848 年欧洲革命失败后，马克思、恩格斯开始把目光转向资本主义不发达或处于前资本主义的东方社会，积极探讨东方落后国家建立社会主义的途径和方法。

马克思认为，较为落后的东方国家所处的历史环境决定了它们不必一切从头开始，亦步亦趋地沿着西方发达国家的发展道路走下

---

①《马克思恩格斯全集》第 18 卷，第 179 页。

去。在西方发达国家的“历史启示”下，它能够缩短生产力与生产关系矛盾的解决过程，吸收人类的一切文明成果，从而跳跃式地发展到世界历史的先进行列。正是在这个意义上，马克思认为，俄国能够享用资本主义的积极成果，跨越资本主义的“卡夫丁峡谷”直接走向社会主义。

马克思晚年的东方社会发展理论进一步丰富和发展了唯物史观，它为列宁领导的俄国十月革命提供了理论支持，也为后来的社会主义者提供了勇于反思、求实创新的精神动力，为落后国家的社会主义革命提供了理论依据，为落后国家进行社会主义建设提供了方法论指导。

三 划时代的曙光——科学社会主义创立的历史意义

1. 找到了社会历史发展的规律，开辟了历史发展的新纪元

科学社会主义是在批判空想社会主义的基础上创立的，它克服了空想社会主义认识上的局限，把社会主义建立在科学发展规律的基础上，找到了社会历史发展的一般规律，提出了唯物史观和剩余价值学说，开创了社会主义发展的新阶段，是划时代的曙光，开创了人类认识和发展史的新纪元，为以后的法国巴黎公社运动、俄国的十月革命爆发提供了强大的精神力量和物质武装，社会主义运动从此轰轰烈烈、蓬蓬勃勃地开展起来。

三大空想社会主义也承认社会发展的规律性，但它把规律看成了是主观的东西，并夸大主观理性的作用，认为理性和精神对社会发展起决定作用，是社会发展的基础。如欧文提出历史归根到底是人类理性认识发展的过程，认为共产主义公社制度是一个合乎理性的社会制度；圣西门认为哲学家的思想是推翻或建立政治制度的决定因素，他甚至天真地认为，在法国只要国王颁布一道命令，就可以建立起实业制度；傅立叶则从抽象的人性论出发，认为人的本性是由人的情欲组成的，情欲得到满足，社会就向前发展。空想社会主义同情无产阶级，反对资本主义，认为资本主义的罪恶是人类理性的迷误造成的，而社会主义是理性和正义的表现，是天才人物根据理性原则发现的。空想社会主义没有搞清物质和意识、社会存在和社会意识之间的相互关系，没有看到人类社会发展的客观规律性，所以，就不能够真正揭示出社会发展的一般规律，就不能够真正找到社会变革的内在原因和对社会主义探索的正确道路。因此，他们的思想和行动往往陷于空想和脱离实际之中。如傅立叶苦苦地在家里等待着富人的支持、苦苦等待着国王的良心发现，以实现自己的理想计划“法郎吉”，可是等了12年时间，最终，这样的结果也没有出现。

因此，正如恩格斯在他的著作《社会主义从空想到科学的发展》中讲到的那样，“一切社会变迁和政治变革的终极原因，不应当在人们的头脑中，在人们对永恒的真理和正义的日益增进的认识中去寻找，而应当在生产方式和交换方式的变更中去寻找”①。资本主义的发展到灭亡和社会主义的建立，绝不是什么理性精神的产物和人类人性的需要，它是资本主义内在矛盾运动的结果，是现代化大生产发展的必然要求，是社会发展基本规律的体现。

2. 揭示了阶级斗争是历史发展的推动力量，提出了无产阶级专政的思想

空想社会主义是向往美好的社会制度，但是，在实现美好理想制度的途径上，他们陷入了空想。他们认为理性是社会发展的动力，理性决定着社会的进步。人的本性一旦受到理性的光芒照耀，就能够推动世界变革，就能够推动社会发展。他们认为资本主义的罪恶产生，是因为人性被引上了邪路造成的。因此，要铲除罪恶，就要唤起理性、宣传理性和实践理性，为和平地改造资本主义，建立和谐社会制度作出努力。他们反对阶级斗争和无产阶级革命，认

① 《马克思恩格斯选集》第3卷，人民出版社1972年5月版，第425页。

为革命是“最坏的一种社会苦难”，幻想用理性、用美好的设计远景来吸引人，而不知道这种设计模式是否适宜适用当时的情况和怎样用这种设计模式取代那时的社会制度，因此，难免就带有一定的空想性，埋下了失败的种子。欧文在自己的和谐村实验中，甚至幻想英国女王、俄国的沙皇和美国的总统等来帮助建立一个理想社会，其结果是一场空。

马克思主义揭示的阶级斗争、无产阶级专政思想，是建立在对历史的考察、对资本主义本质的认识和无产阶级历史使命的认识上，是指导无产阶级革命取得胜利的重要保障，是战胜资本主义制度的正确道路和必然选择。

无产阶级是大工业的产物，是先进生产力的代表，是代表社会发展方向的一支重要力量，也是资本主义的异己力量和资本主义的掘墓人。所以，坚持阶级斗争、坚持无产阶级专政是工人运动的必然选择和必然结果。这是最终实现美好理想共产主义的必由之路。

3. 创新了科学社会主义的开放发展体系，为科学社会主义的发展提供了广阔的思维空间和实践条件

科学社会主义是封闭的还是开放发展的，是决定社会主义发展命运的大事情。很显然，科学社会主义不是封闭的，而是开放发展的，这是科学社会主义不同于以往任何理论学说的重要特点和标志。如果把社会主义看成封闭僵化的一成不变的教条主义的理论学说，那社会主义就没有生命力了，社会主义就会走向邪路。我们以往的经验教训就在于此。

马克思、恩格斯从来就是以科学的态度来对待自己的理论和学说的，他们反对不顾客观实际而教条主义地对待科学社会主义的做法，恩格斯讲，我们只能在我们时代的条件下进行认识，而且这些条件达到什么程度，我们便认识到什么程度。19 世纪后半叶，科学技术的进步和资本主义的矛盾运动情况都出现了新变化，马克思、恩格斯进一步丰富发展了自己的科学社会主义理论，提出了自由竞争向垄断资本主义发展的情况，马克思总结巴黎公社的经验，

提出了无产阶级专政的适宜的政治形式。根据1848年欧洲革命失败后的情况，马克思、恩格斯开始把目光转向资本主义不发达或处于前资本主义的东方社会，积极探讨东方落后国家建立社会主义的途径和方法。提出了较为落后的东方国家所处的历史环境决定，不必一切从头开始，亦步亦趋地沿着西方发达国家的发展道路走下去。在西方发达国家的"历史启示"下，它能够缩短生产力与生产关系矛盾的解决过程，吸收人类的一切文明成果，从而跳跃式地发展到世界历史的先进行列。正是在这个意义上，马克思认为，俄国能够享用资本主义的积极成果，跨越资本主义的"卡夫丁峡谷"直接走向社会主义。

恩格斯在19世纪90年代，根据欧美一些资本主义国家的实践经验，提出了建立民主共和国为无产阶级专政的一种特殊形式的新设想。

因此，坚持科学社会主义，就要坚持科学社会主义的开放性，就要坚持与时俱进，就要不断地创新发展社会主义，就要不断地根据变化了的具体的情况和现实来修正改革以往的思想理论，只有这样，社会主义才有力量和生命力，社会主义才能够吸引越来越多的人民群众的支持和参与。也正是有了科学社会主义理论的支持，社会主义开始了从理论到实践、从实践到制度、从制度到模式的发展演变过程，社会主义在世界的影响力也越来越大，到了20世纪初，通过俄国十月革命，建立了世界上第一个社会主义国家，开创了人类历史的新纪元。以后，在十月革命的感召下，社会主义运动风起云涌，在第二次世界大战结束后，一大批国家走向了社会主义道路，社会主义事业蒸蒸日上、欣欣向荣。

今天，社会主义事业既面临各种挑战，也面临发展的机遇。只要我们坚持科学社会主义，走不断创新发展之路，社会主义就会越来越好。

中篇:实践探索与道路开辟

第三章　实践探索与苏联第一个社会主义模式的形成

苏联是世界上第一个社会主义国家，对于什么是社会主义，它只能来自于经典作家关于未来社会发展的科学预测；对于如何建设社会主义，更没有任何经验可资借鉴，一切都只能在实践中摸索。列宁领导的俄国十月社会主义革命的胜利，实现了社会主义由理论到实践的飞跃，开辟了人类历史的新纪元。十月革命胜利后，列宁继承和发展了马克思主义的科学世界观和方法论，坚持从俄国的实际出发，积极探索出经济文化落后国家迂回过渡到社会主义的新路，列宁的实践探索和理论创新，不仅丰富了科学社会主义理论宝库，而且为后来落后国家走上社会主义发展道路提供了宝贵的经验和启示。列宁逝世后，斯大林领导苏联人民继续列宁开创的事业，对社会主义革命和建设所面临的一系列重大问题进行分析判断，形成了比较系统的观点和看法，在实践中建立起以高度集权和计划经济为特征的社会主义模式，捍卫了社会主义制度，但不幸的是，斯大林使苏联的社会主义模式化、凝固化、教条化，其后的历任领导人虽几经改革努力，但没有明显成效，并最终因苏共党内外的主导观点否定社会主义制度存在的合理性而导致了苏联解体。苏联社会主义道路探索的经验教训是中国共产党开辟中国特色社会主义道路的宝贵财富。

一　开天辟地——十月革命胜利对20世纪科学社会主义发展的历史意义

（一）列宁的“一国胜利论”

所谓“一国胜利论”是指列宁关于社会主义革命可能首先在经济相对落后国家取得胜利理论，这一结论是列宁在深入研究帝国主义时代资本主义经济政治发展不平衡规律基础上得出的，这一理论为俄国十月社会主义革命的胜利奠定了理论基础，也为经济文化比较落后的国家进行社会主义革命提供了理论指导。

19世纪40年代，马克思、恩格斯根据对自由竞争时期资本主义国家经济政治发展状况的分析研究，探讨了无产阶级革命的发生问题。他们认为，由于资本主义大工业的发展，形成了世界市场，把资本主义各个国家的人民紧密联系在一起；而且大工业的发展，也会使所有资本主义国家的社会发展程度大致相当。因此，作为国际社会主义共同事业的无产阶级革命，将是在一切资本主义国家，至少在英、美、法、德等国同时发生的革命，无产阶级的联合行动，是社会主义革命获得胜利的条件之一。恩格斯曾明确指出，“共产主义革命将不仅是一个国家的革命，而将在一切文明国家里，即至少在英国、美国、法国、德国同时发生”①。直至1893年恩格斯仍认为：“无论是法国人、德国人或英国人，都不能单独赢得消灭资本主义的光荣。”② 这就是马克思、恩格斯的多国同时胜利说。马克思、恩格斯曾经预想，社会主义将首先在资本主义发达的英、法、德三国取得胜利。因为在他们看来，社会主义的胜利，一定要资本主义所造成的生产力和生产关系充分发展，无产阶级占人口大多数。在相当长的时期里，列宁也一直坚持马克思主义创始

① 《马克思恩格斯选集》第1卷，人民出版社1972年版，第221页。

② 《马克思恩格斯全集》第39卷，人民出版社1974年版，第87页。

人关于社会主义革命进程的这些看法。但通过对帝国主义问题的深入研究，根据帝国主义时代无产阶级革命条件，列宁提出社会主义可以在一国或数国首先取得胜利的理论。

列宁

19 世纪末 20 世纪初，世界历史进入了帝国主义和无产阶级革命的时代，列宁根据这一时代的特点和要求，将马克思主义推进到一个崭新阶段——列宁主义。在社会主义发展进程问题上，列宁没有拘泥于马克思、恩格斯最初的预想，而是根据新的历史条件的新变化，创造性地提出了社会主义革命的新理论。1915 年，列宁在《论欧洲联邦口号》一文中指出："经济政治发展的不平衡是资本主义的绝对规律。由此就应该得出结论：社会主义可能首先在少数或者甚至单独在一个资本主义国家内获得胜利。"① 1916 年，在《无产阶级革命的军事纲领》一文中进一步指出："资本主义的发展在各个国家是极不平衡的。而且在商品生产的条件下也只能是这样。由此可以得出一个确定不移的结论：社会主义不能在所有国家同时获得胜利。它将首先在一个或者几个国家获得胜利，而其余的国家在一定时期内将仍然是资产阶级或者资产阶级以前时期的国家。"②

列宁认为，资本主义经济政治发展的不平衡规律必然导致帝国主义战争。列宁发现，经济政治发展不平衡，这是一个绝对规律，到了帝国主义阶段，各资本主义国家的经济政治发展不平衡进一步加剧，这必然会引起各国政治、军事力量发展的不平衡，并改变资

① 《列宁选集》第 2 卷，人民出版社 1972 年版，第 709 页。
② 同上书，第 873 页。

本主义各国的势力对比。各帝国主义国家的势力对比发生新的变化，必将引起他们之间的矛盾激化，这种矛盾激化到一定程度，不可避免地导致战争的爆发。帝国主义之间的战争，会使帝国主义国家之间相互削弱，使它们不能联合起来镇压革命；战争同时会加重社会的灾难，造成政治、经济危机，促使革命爆发，这就为社会主义在一国或数国首先取得胜利带来有利的形势和条件。不仅如此，列宁还认为，在帝国主义时代，已经形成了一种世界性的经济体系，无论是发达国家，还是不发达国家，全部都卷入了这个世界性的资本主义经济体系中，由于受政治经济发展不平衡规律的影响，不仅各帝国主义国家之间存在着经济势力、军事势力上的差距，各国统治阶级统治的巩固程度和无产阶级的成熟程度也会存在着差距，这就决定了在帝国主义这个总链条中有薄弱环节的存在，这种薄弱环节的存在，为社会主义在一国或数国首先胜利提供了可能。

基于上述原因，列宁认为，在帝国主义时代，社会主义革命的客观条件已经在整个世界资本主义体系中成熟，但社会主义革命不一定首先在那些资本主义最发达、无产阶级人口占大多数的国家发生和胜利，而往往在经济不很发达，但矛盾尖锐、又具备了一定主观条件的国家首先爆发并取得胜利。这些条件是：（1）帝国主义时代资本主义经济政治发展的不平衡的加剧。各国在激烈的竞争中往往以军事冲突和战争方式重新瓜分世界，帝国主义内部矛盾加剧，造成其统治链条上的薄弱环节。（2）帝国主义战争使一些不发达国家社会矛盾急剧尖锐化，广大人民除革命以外别无出路。（3）不发达国家资本主义发展的不充分、封建势力的存在，造成资产阶级软弱性、动摇性，甚至叛卖性，它们不可能通过领导民族民主革命将国家引上独立发展的资本主义道路。（4）不发达国家的无产阶级人数虽少，但革命性强，并且有农民做同盟军，有经过长期斗争锻炼的无产阶级政党的领导。这些条件汇合在一起，就可以造成一种直接的革命形势，取得社会主义革命的胜利。

列宁关于社会主义革命可能首先在经济相对落后国家取得胜利

理论，科学回答了帝国主义时代无产阶级社会主义革命面临的新问题，揭示了世界社会主义革命的规律，为经济文化落后国家率先走上社会主义道路指明了方向，俄国十月革命的胜利，就是在这一理论指导下取得的。

（二）十月革命的伟大胜利和第一个社会主义国家的诞生

20 世纪初的沙俄是帝国主义矛盾的集中点，沙皇政府的反动统治使无产阶级同资产阶级的矛盾；农民同地主的矛盾；沙皇统治者同少数民族的矛盾；沙俄帝国主义同殖民地半殖民地的矛盾；资本主义同封建农奴制的矛盾；俄国帝国主义同其他帝国主义的矛盾；广大劳动群众同沙皇专制制度的矛盾错综复杂、空前激化。第一次世界大战期间，俄国经济遭到严重破坏，几百万人丧生，大量工厂倒闭，农田荒芜，物资奇缺，物价飞涨，再加上前线节节败退，使沙皇政府陷入了严重的政治危机。工人罢工，农民夺地，士兵反战，这一切都说明俄国人民越来越强烈地要求推翻沙皇政府。俄国社会民主党布尔什维克派在列宁关于“变现实的帝国主义战争为国内战争”策略思想指导下，利用大战造成的有利时机，于 1917 年 2 月领导无产阶级和劳动人民，推翻了统治俄国长达 300 多年的沙皇专制统治，人们称这次革命为 1917 年俄国二月革命，它属于资产阶级民主革命性质。

二月革命胜利后，俄国出现了两个政权并存的局面：一是工农民主专政的工兵代表苏维埃；另一个是资产阶级专政的临时政府。这种局面的出现，是由于当时控制苏维埃领导权的社会革命党人和孟什维克的妥协退让造成的。他们认为二月革命胜利后应建立资产阶级民主共和国，苏维埃只应在旁边起监督作用。在这种形势下，俄国革命向何处去，党内没有明确的方针。当在国外的列宁得知二月革命胜利的消息后，立即给党中央写了《远方来信》，分析了当时的革命形势，提出党的任务是：要把革命继续推向前进，保持党的独立性，彻底揭露临时政府，进一步武装工农，为社会主义革命做准备。1917年4月16日，列宁冲破帝国主义的重重阻挠，从瑞士回到俄国，当日就发表演说，号召群众为社会主义革命的胜利而斗争。次日，他在布尔什维克党的领导机关工作人员会议上做了《论无产阶级在这次革命中的任务》的报告，即著名的《四月提纲》。列宁在报告中回答了俄国革命所面临的一系列问题，制定了由民主革命转变为社会主义革命的方针。根据当时的客观形势，列宁认为最迫切的任务是，结束战争，解决工农群众对和平、土地和面包的要求，但是临时政府根本不想也不可能解决这些问题，这就暴露了临时政府的资产阶级本质，破除了广大群众对临时政府的轻信和幻想。同时指出建立无产阶级专政的必要性。列宁指出，苏维埃共和国是俄国无产阶级专政最好的形式，当全部政权归苏维埃时，布尔什维克党必须揭露孟什维克和社会革命党人的妥协叛变政策，掌握苏维埃的领导权，使苏维埃转变为无产阶级专政的政权。列宁认为，革命和平发展的可能性在历史上是罕见的，因此，在努力争取革命和平发展的可能性的同时，要作暴力革命的准备。后来的事实证明列宁的分析是完全正确的。

两个政权并存的局面不可能长久维持下去，无产阶级不容，资产阶级也不容。1917年7月16日，资产阶级临时政府首先发难，血腥镇压了彼得格勒10万工人和士兵的游行示威，制造了“七月事变”。随后又强行解除了工人武装，解散革命组织，大肆逮捕布尔什维克和革命党人，下令通缉列宁。7月26日，当局成立了以克伦斯基为首的新的联合政府，由孟什维克和社会革命党人把持的全俄苏维埃中央委员会通过决议，自愿把政权交给联合政府。至此，苏维埃名存实亡，两个政权并存局面结束。

面对反革命的猖狂进攻，布尔什维克党于8月8—16日在彼得格勒秘密召开了第六次党代表大会，大会通过了武装起义夺取政权的社会主义革命的行动方针。在布尔什维克党领导下，重新武装了工人，许多地方的苏维埃转向布尔什维克。列宁认为武装起义的时机已经到来，于1917年10月20日从芬兰秘密回到彼得格勒，布尔什维克党迅速成立了以列宁为首的中央政治局负责起义的政治领导。11 月 6 日，列宁来到了斯莫尔尼宫，亲自领导起义。1917 年 11 月 7 日（俄历 10 月 25 日）取得了彼得格勒武装起义的胜利，当晚宣告世界上第一个无产阶级专政的苏维埃政府成立，在以后的短短几个月中，苏维埃政权很快就在全国各地建立起来。

（三）十月社会主义革命胜利的历史意义

十月社会主义革命是人类历史上一次划时代的伟大革命，是开天辟地的大事件，它具有伟大而又深远的历史意义。

第一，十月革命开辟了人类历史发展的新纪元。以往历史上发生的各种革命，都是在不根本改变剥削阶级和剥削制度的基础上发动的革命。而十月革命则完全不同，它是一次根本推翻剥削和压迫制度，消灭了剥削阶级和压迫阶级的深刻革命。通过十月革命，它在俄国推翻了一切剥削阶级的统治，第一次在占世界六分之一的土地上建立起了无产阶级和广大劳动人民当家做主的政权，使劳动人民真正成为国家和社会的主人，从而改变了历史发展的方向，人类社会从俄国开启了向社会主义过渡的新时代。

第二，十月革命开辟了无产阶级社会主义世界革命的新纪元。十月革命以前无产阶级的历次斗争都以失败告终。十月社会主义革命彻底改变了这种局面，在世界六分之一的土地上推翻了资产阶级统治，建立了世界上第一个社会主义国家，在一统天下的资本主义世界体系中打开了第一个缺口。十月革命的胜利不仅为各国无产阶级树立了光辉榜样，为他们提供了经验，指明了斗争方向，同时也极大鼓舞了世界无产阶级革命斗志，增强了他们必胜的信心，推动了无产阶级革命运动的发展。

第三，十月革命开辟了被压迫民族解放运动的新纪元。十月革命不仅极大动摇了帝国主义的统治中心，而且动摇了其在殖民地半殖民地的统治。十月革命的胜利，不仅使俄国境内的被压迫民族获得了真正解放，走上了社会主义道路，而且在西方无产阶级革命与东方被压迫民族革命之间架起了一座桥梁，建立起了一条反对帝国主义的革命阵线。从此以后，殖民地半殖民地人民的民族民主革命，就不再是旧的资产阶级世界革命的一部分，而成为新的无产阶级社会主义世界革命的一部分，成为无产阶级革命的同盟军。

第四，十月革命开辟了把马克思主义基本原理与各国革命实践相结合的新纪元。十月革命的胜利，是列宁领导的布尔什维克党将马克思主义基本原理与各国革命实践相结合的光辉典范。它不仅在理论上丰富发展了马克思主义并将其推进到一个新阶段——列宁主义阶段，而且极大促进了马克思主义在全世界范围内的广泛传播，使各国无产阶级及其先进分子开始运用马克思主义这一先进理论武器，解决本国的社会主义革命问题，从而开辟具有本国特色的社会主义革命道路。

二 艰难探索——十月革命后列宁对社会主义的认识与实践

十月革命胜利后，俄国进入了从资本主义到社会主义的过渡时期。经济文化落后的国家如何过渡到社会主义，这是一个书本上读不到、实践上没有经历过的、历史上也未曾有过的崭新课题，面对俄国向社会主义过渡这一新课题，以列宁为首的布尔什维克党进行了艰难的探索。从 1917 年十月革命胜利到 1924 年列宁逝世，他的向社会主义过渡的思想大体上经历了两个阶段。第一阶段：从 1917 年到 1921 年春，在这一阶段，列宁试图把马克思、恩格斯关于经典社会主义的设想直接运用到俄国的社会生活中，形成了“直接过渡”的战时共产主义政策，结果发现这在实践中效果不好，况且也行不通。第二阶段：从 1921 年春到 1924 年列宁逝世，这一阶段，列宁从俄国经济文化落后的实际出发，重新审视社会主义理论与实践，形成了“迂回过渡”的列宁新经济政策，积极探索出落后国家过渡到社会主义的新路，进一步丰富发展了科学社会主义理论。

（一）马克思、恩格斯东方学说中的“跨越论”设想

马克思、恩格斯的东方学说（以下简称马克思的东方学说）是马克思、恩格斯研究东方社会经济政治发展规律的学说，是关于东方社会形态演进的设想。具体说，马克思的东方学说是关于东方社会从前资本主义社会向未来社会的演进方式、发展道路以及实现条件的理论。在这里，东方社会的概念已不是一般意义上的地域概念，而是一个政治概念，是指俄国、中国、印度等东方落后国家。

众所周知，马克思、恩格斯的唯物史观主要是在研究西欧诸国历史和社会现实的基础上创立的。19 世纪 70 年代以前，科学社会主义理论更多是关注生产力高度发达的欧美资本主义国家如何进入社会主义，革命导师马克思、恩格斯在论述资本主义向社会主义过渡问题时，表达的一个重要的前提性论点是，社会主义在客观物质生产力基础层面上只能发生在资本主义生产力发展的顶点上，社会主义存在的全部经济、政治和文化的现实基础只能是高度发达的社会化大生产。这是科学社会主义的基本理论支点。但在 1848 年欧洲革命失败后，马克思、恩格斯开始把目光转向资本主义不发达或处于前资本主义的东方社会，积极探讨东方落后国家建立社会主义的途径和方法。

当马克思把研究的视野投向东方时，他并没有简单地用已经形成的关于西方社会的观点来观照东方社会，而是力图从东方社会特有的社会结构、所有制关系、历史环境以及宗教文化等情况出发观察和认识东方社会。通过对大量残存农村公社的俄国进行研究发现，俄国原本是土地公有、农村公社和专制制度“三位一体”的东方典型，但经历了 1861 年的农奴制改革，成为一个“半东方”的国家。俄国村社已不是完全意义上的公有制，而是一个既以公有制为基础，又带有私有制成分的社会组织。在马克思看来，公社的命运取决于公社内在的双重性在具体的历史环境下的此消彼长——

“或者是私有原则在公社中战胜集体原则，或者是后者战胜前者”①，两者都是有可能的。如果俄国继续走1861年土地改革的道路，那么走向社会主义无法逃脱的铁面无情规律的支配，“遭受资本主义制度所带来的一切极端不幸的灾难”②。但是，俄国当时所处的国际和国内环境，使俄国具有了避免资本主义制度所带来的一切极端不幸的灾难的现实可能性。从国内环境看，俄国是在全国范围内把农村公社保存到19世纪的唯一的欧洲国家。这是俄国跨越资本主义“卡夫丁峡谷”的内在根据。从国际环境看，世界市场和西欧资本主义充分发展所提供的一切肯定成果，为俄国跨越资本主义“卡夫丁峡谷”提供了重要的必不可缺少的历史背景。这样，马克思从历时态和共时态结合的视角系统地分析了俄国的农村公社，并得出结论：俄国公社有可能不通过资本主义制度的“卡夫丁峡谷”而利用资本主义制度所创造的一切积极成果实现向社会主义过渡。马克思晚年的东方社会发展理论进一步丰富和发展了唯物史观，它为后来的社会主义者提供了勇于反思、求实创新的精神动力，为落后国家的社会主义革命提供了理论依据，为落后国家进行社会主义建设提供了方法论指导。

综上所述，马克思为未来社会描绘了两种可能的社会主义：一种是建立在发达资本主义之上，由资本主义基本矛盾尖锐化而导致的社会主义；一种是跨越资本主义“卡夫丁峡谷”后而建立起来的社会主义。前者是建立在“资本主义一切肯定成果”基础上的社会主义，是由资本主义转变而来的社会主义，即经典社会主义；后者则是“有待于吸取资本主义一切肯定成果”的社会主义，是由非资本主义转变而来的社会主义。对于东方落后国家而言，其面临着两种抉择，要么走向资本主义，要么走向社会主义。马克思认为，较为落后的东方国家所处的历史环境决定了它们不必一切从头

① 《马克思恩格斯全集》第19卷，人民出版社1963年版，第450—451页。

② 同上书，第129页。

开始，亦步亦趋地沿着西方发达国家的发展道路走下去。在西方发达国家的“历史启示”下，它能够缩短生产力与生产关系矛盾的解决过程，吸收人类的一切文明成果，从而跳跃式地发展到世界历史的先进行列。正是在这个意义上，马克思认为，俄国能够享用资本主义的积极成果，跨越资本主义的“卡夫丁峡谷”直接走向社会主义。

马克思的东方社会的“跨越论”设想表达了两层含义：其一，作为一种社会制度、一种生产关系，资本主义在特定的历史条件下是可以跨越的，其发展表现为非连续性的特点；其二，作为一个自然历史的过程，生产力的发展却是连续性的、不可跨越的——即吸取和借鉴资本主义社会所积聚起来的巨大生产力和其他文明成果是落后国家向社会主义过渡的必要前提——这是“跨越论”的合理内核。列宁正是在这一科学思想指导下，利用帝国主义和无产阶级革命时代提供给俄国的有利时机，成功地领导了十月社会主义革命，实现了制度上的跨越，并在此基础上，对俄国利用资本主义的必要性和现实可能性进行科学的考察和论证，通过新经济政策的实践，初步回答了夺取政权后的无产阶级如何利用国内外资本主义因素为社会主义服务的问题。特别是对小农占优势的落后俄国，如何实现社会主义进行了可贵的探索。邓小平则在和平与发展成为时代主题的条件下进一步丰富发展了马克思和列宁的思想，立足于当代中国社会的实际，创造性地提出了社会主义初级阶段理论，科学地回答了“什么是社会主义、如何建设社会主义”这一长期困扰社会主义执政党的世纪性难题，从而为马克思的东方社会“跨越论”续写了新篇。

（二）新经济政策是落后俄国迂回过渡到社会主义的必由之路

列宁是社会主义建设道路的第一个开拓者。由于他在社会主义建设的实践中既无自身的经验可以依托，又无国际经验可资借鉴，所以，他和布尔什维克党在开始探索社会主义建设道路时也曾走过弯路。不过，随着实践经验的积累，列宁的社会主义建设理论日益丰富和发展起来。这种丰富和发展具体地说，主要是从“战时共产主义政策”向“新经济政策”的转变。这个转变过程大体上可划分为两个阶段。第一阶段从1917年十月革命胜利到1921年春天；第二个阶段从1921年春天到1924年列宁逝世。这两个阶段分别体现出两条不同的社会主义建设道路。

列宁在十月革命胜利初期所走的是直接过渡的道路。所谓直接过渡，就是彻底摧毁旧经济制度，直接建立起社会主义产品生产和分配制度。列宁对这条道路曾做过这样的说明：“当时设想不必先经过一个旧经济适应社会主义经济的时期就直接过渡到社会主义。我们设想，既然实行了国家生产和国家分配的制度，我们就可以直接进入一个与以前不同的生产和分配的经济制度。”① 列宁把这条道路称之为用革命冲击的方法，迅速地向社会主义过渡。从十月革命胜利到1921年春天，这个直接过渡阶段又可分为两个小的阶段：第一阶段为十月革命胜利到1918年春为“赤卫队进攻资本”阶段；第二阶段为“战时共产主义政策”阶段。

十月革命胜利后，列宁领导的苏维埃政权，对土地、银行、运输业和大工业企业实行国有化，苏维埃国家很快掌握了经济命脉。列宁形象地把它称为“赤卫队进攻资本”阶段。1918年3月，布列斯特和约的签订，使苏维埃得到了一个喘息的机会，列宁便开始着手经济建设。但是，由于无产阶级还没有学会管理经济，资产阶级利用经济上的优势进行破坏和捣乱，苏维埃政权并没有真正掌握经济权力。因而，列宁认为，同资产阶级的斗争进入一个新的阶段，由剥夺资本家的简单任务转移到组织管理经济这一困难任务。为解决这个任务，列宁认为“有决定意义的事情就是对产品生产和分配组织最严格的全面计算和监督”②。通过对全国产品生产和

① 《列宁全集》第42卷，人民出版社1987年版，第221页。
② 《列宁选集》第3卷，人民出版社1995年版，第479页。

分配实行严格的计算和监督，使国家尽可能掌握大规模的产品生产和分配，有组织地组织工农业之间的产品交换，逐步消灭商品生产和市场，直接过渡到社会主义。尽管在制定具体经济政策时，列宁又采取了一些谨慎的逐步过渡的措施，其中包括吸收西方国家的先进技术和管理经验；利用合作社组织城乡之间的商品交换；等等，可是实行这些措施的目的仍然是为直接过渡服务的，因而大多被看作是权宜之计。列宁后来在总结这个时期的思想和实践时指出："在估计可能的发展道路时，我们多半（我甚至不记得有什么例外）都是从直接过渡到社会主义建设这种推断出发的，这种设想也许不是每次都公开讲出来，但始终是心照不宣的。"① 这一时期，苏维埃利用国家政权的力量，通过组织工人监督和消费公社等形式对产品生产和分配实行统一的计算和监督，对于渡过因战争而造成的经济难关起了一定的积极作用。但是，这些措施是建立在消灭商品经济的产品经济之上的。由于缺乏计划管理的经验，而更主要是由于超越了生产力的发展水平，列宁的经济纲领在实践中没有达到预期的目的。

1918 年下半年，由于帝国主义对新生的苏维埃政权进行武装干涉，国内战争爆发，俄国被迫进入了"战时共产主义"时期，为适应战争这一特殊环境的需要，保卫新生的苏维埃政权，把有限的财力、物力用于战争，苏维埃国家采取了一系列适应战时需要的非常政策和临时措施，这些政策措施带有按军事共产主义原则调整产品生产和分配的特点，史称"战时共产主义政策"。这些政策的主要内容包括：（1）实行余粮收集制，国家对粮食和主要农产品实行垄断强行从农民手中征集粮食，禁止私人买卖。（2）把所有工厂企业收归国有，由国家集中管理，进行统一的生产和分配。（3）取消市场和货币，禁止私人贸易，实行粮食和日用工业品的配给制。（4）实行普遍的劳动义务制，凡有劳动能力的人必须劳

① 《列宁全集》第 42 卷，人民出版社 1987 年版，第 220 页。

动。“战时共产主义政策”推行了三年半，当时主要为了适应战争需要。作为战争环境下的应急措施，它在保证战时供给和取得国内战争胜利方面的确发挥了重大作用，可以说，不采取“战时共产主义政策”，苏维埃政权不可能取得军事上的胜利，它是战时条件下苏维埃政府不得不采取的必要政策。但是，不可否认的是，列宁当时认为，俄国会很快取消商品和货币，按照共产主义的原则建立起国家计划生产和分配制度，就可以直接过渡到社会主义。

但是，在战争结束、进入和平时期后，依然实行这样的政策，并把它作为向社会主义直接过渡的长期经济任务就不合时宜了，也不符合经济社会的发展规律，特别是继续施行余粮收集制严重损害了个体农民的利益，削弱了工农联盟，阻碍大工业的恢复和发展，导致严重的政治经济危机。实践证明，直接过渡道路是行不通的，列宁及时地总结了这一时期的经验教训。他说：“我们计划（说我们计划欠周的设想也许较确切）用无产阶级国家直接下命令的办法在一个小农国家里按照共产主义的原则来调整国家的生产和产品分配。现实生活说明我们错了。”[①] 他还说：“‘战时共产主义政策’是战争和经济破坏迫使我们施行的。它不是也不能是一项适应无产阶级经济任务的政策。它是临时的办法。”[②] 在总结经验教训基础上，列宁转变了思路，开始了新的经济政策的探索。

为了纠正上述失误，列宁提出必须退却，重新探索向社会主义过渡的道路。1921 年 3 月，俄共（布）第十次代表大会通过决定：用粮食税代替余粮收集制，标志着列宁新经济政策开始实施。在这一时期，列宁逐步认识到在小农经济占优势的国家必须通过改良的迂回才能过渡到社会主义。他曾对这条道路作了如下描述：“1921 年开春以来，我们提出（还不是‘已经提出’，只是刚刚‘提出’并且还没有充分认识到这一点）完全不同的改良主义的办法，来

① 《列宁选集》第 4 卷，人民出版社 1995 年版，第 570 页。

② 同上书，第 502 页。

代替原来的办法、方案、方法、制度。所谓改良主义的办法，就是不摧毁旧的社会经济结构——商业、小经济、小企业、资本主义，而是活跃商业、小经济、小企业、资本主义，审慎地逐渐地掌握它们，或者说，做到有可能只在使它们活跃起来的范围内对它们实行国家调节。”①

根据列宁这一思想，他对迂回过渡的新道路的探索也大体经历了两个阶段，即1921年春到1921年秋的初始阶段和1921年秋到1924年列宁逝世前的深化阶段。

1921年3月，俄共（布）第十次代表大会期间，列宁围绕着粮食税问题，从政治、阶级关系、经济基础以及由战争转向和平经济建设的客观要求等方面分析了隐藏在当时危机形势背后的深层原因，论证了实行新经济政策的必要性和依据。当时，国内战争已经结束，苏维埃政权的迫切任务是巩固工农联盟，恢复和发展国民经济，创立社会主义的物质基础。为此，要改善农民的经济状况，提高农业生产力，建立工农联盟的经济基础。当时列宁认为，在无产阶级专政的条件下，工农联盟的经济基础是工农之间的产品交换。但是，由于国内战争的严重破坏，国家没有足够的工业品同农民进行交换，暂时不能完全实现工农业之间的产品交换，只能采取过渡性措施即实施粮食税。国家需要的农产品一部分以赋税的方式无偿征集；另一部分以产品交换的方式取得。同时，为了尽快恢复大工业生产，增加国家掌握产品的数量，列宁提出了实行租让制等多种形式的国家资本主义。可见，1921年春，列宁设想的是通过实行粮食税和国家资本主义，进行工农之间的产品交换，逐步过渡到社会主义。这时，还没有充分认识到商业、市场问题的重要性。

经过几个月的实践，列宁认识到，当时的产品交换设想并没有得到实现，主要的原因是国家提供的工业品数量有限，价格太贵，农民不愿意同国家机构进行非货币的实物交换，宁肯同私商进行买

---

①《列宁选集》第4卷，人民出版社1995年版，第611页。

卖，产品交换变成了商品流通，实际上产品交换失败了，于是商业问题也就尖锐地提了出来。列宁敏锐地觉察到了这一点，及时提出还要继续退却，从产品交换退到国家调节商品和货币流通。于是列宁的思想发生了重大变化，对新道路的探索进入第二阶段。

1921 年秋，列宁在谈到产品交换已经失败时指出："我们应当认识到，我们还退得不够，必须再退，再后退，从国家资本主义转到由国家调节商业和货币流通。"① 列宁的这一论断，是对实践经验的科学总结，标志着他对社会主义建设道路的认识有了突破性的发展。此后，列宁曾多次强调商业是全党必须全力抓住的中心环节，如果抓不住这个环节，就建不成社会主义的经济基础。他号召，全党要学会经商，国家应成为一个精明的开发商。随着实践的发展，列宁所开创的俄国走向社会主义新道路的内容也就越来越丰富。他在随后的一系列著作、报告和演讲中，对再退却以后的若干问题进行了充分论证，向前发展了关于在小农国家建设社会主义理论。在 1921 年 10 月至 12 月，列宁在《十月革命四周年》、《新经济政策和政治教育委员会的任务》等著作中，进一步在指导思想上总结了战时共产主义的教训，明确提出和论述了为什么还要再退却，再退却后怎么办等问题，正式确立了迂回向社会主义过渡的思想。到 1922 年 1 月，《俄共（布）中央政治局关于新经济政策的指示草案》指出：在 1921 年 12 月党代表会议和苏维埃第九次代表大会以后，新经济政策已经十分清楚、十分明确地规定下来了。1922 年 3 月，列宁在俄共（布）十一大报告中，总结了新经济政策的经验，提出了停止退却的问题。1922 年 11 月，列宁在共产国际"四大"报告等文献中，充分肯定了新经济政策的意义，提出新经济政策的俄国将变成社会主义的俄国，同时提出要把新经济政策的消极作用减少到最低限度。1922 年年底至 1923 年年初，列宁在口授著作中，发展了新经济政策思想，提出了以合作化为核心的

① 《列宁全集》第 42 卷，人民出版社 1987 年版，第 228 页。

社会主义最后构想。即以生产力为标准，稳步变革生产关系，使农村经济走向社会化、市场化的基本蓝图。这样，列宁在临终前终于探索出一条在新经济政策条件下，利用合作化的优越性，发展社会主义农业的新路。

可见，这段时间，列宁的新经济政策思想和向社会主义过渡的构想在实践中有了飞跃性的发展，初步解决了小农国家如何建设社会主义的问题。其基本点是，以商业和市场关系为中心环节，调节经济活动，实现工农结合，通过合作化引导农民走社会主义道路。这样，在社会主义建设中，依靠什么，通过什么，从哪里过渡到哪里等问题就基本上解决了。

综上所述，列宁的新经济政策思想是随着实践的深入而不断向前发展的，特别是利用商品市场关系发展生产力的思想，符合俄国国情，符合社会经济发展规律。俄国是在资本主义商品经济没有充分发展、自然经济占很大比重的小农国家开始建设社会主义的。十月社会主义革命具有伟大的意义，但革命并不会立即改变经济落后的面貌。采取新经济政策，对于发展生产力，实现小生产向社会化大生产、由自然经济向商品经济转化，并争取有利的国际条件加快自己的发展，逐步向社会主义过渡，都有着十分重要的历史意义和现实意义。它是马克思主义与俄国社会主义建设实际相结合的光辉典范。它说明在人类社会长期发展过程中，社会制度在特定的历史条件下是可以跨越的，但是生产力的连续发展经济形态的演进是连续的、不可跨越的，所有制关系的变革归根结底是受生产力制约的。落后国家可以先建立社会主义制度，但在建设中必须稳步变革生产关系，积极发展商品经济；充分利用资本主义文明成果，实行对外开放。这是马克思晚年跨越资本主义“卡夫丁峡谷”的核心理念。列宁的新经济政策正是在坚持这一核心理念基础上以崭新的思路回答了落后国家社会主义革命发生后应当如何向社会主义过渡的重大问题，所以说，列宁的新经济政策是对马克思东方学说的实践探索，在马克思主义发展史上占有十分重要的地位。

（三）新经济政策是列宁对马克思东方学说的理论发展

在社会主义发展史上，列宁作为社会主义建设道路的开拓者，他将马克思主义理论和俄国经济文化落后的实际结合起来，紧紧围绕发展生产力这一中心任务，采取迂回过渡的办法和途径，循序渐进地走向社会主义。特别是为巩固工农联盟，从农民国家的实际出发，用新经济政策吸引农民走社会主义道路，并结合新经济政策初步实践，对落后国家建设社会主义理论、道路和发展的特殊规律进行了新的阐发，从总体上解答了小农国家如何向社会主义过渡、如何建设社会主义的问题，其意义重大。

马克思唯物史观一向认为，社会主义是资本主义高度发展的产物，社会主义的起点应是充分发展了的资本主义。他在晚年虽曾设想过俄国爆发民主革命后有可能走一条非资本主义发展道路，但仍强调其前提是必须吸收西方发达资本主义国家的一切肯定性成果。俄国十月革命爆发时还是一个资本主义不发达的小农国家，并不具备实现社会主义的物质条件。对此，列宁一方面批判了因此不敢夺取政权、不敢建设社会主义的教条主义者；另一方面又清醒地认识到经济文化落后给社会主义建设带来的特殊困难，批驳了那种认为仅靠政权就可以实现社会主义的“左”的观点。列宁既没有因为俄国落后而否定社会主义，也没有因革命胜利而照搬马克思主义，而是努力将马克思主义与本国的实际结合起来探索符合本国国情的社会主义道路。列宁在新经济政策的实践中先后探索出了利用国家资本主义、利用商品货币关系和合作社等中间环节，使苏俄在生产力与生产关系方面渐进过渡到社会主义。实际上，新经济政策的使命，就是在无产阶级政权下，经过长期发展，完成西方国家已经完成的工业化、社会化、商品化和现代化任务，为社会主义创造充分的物质条件。

后来的实践表明，东方落后国家的社会主义革命和建设虽然没有与马克思的跨越设想完全兑现，但他所揭示的社会主义确立的现实基础，社会主义与资本主义之间最深层的联系是物质生产力的联系，社会主义与资本主义之间在文明成果上的直接继承关系，即对解决生产力相对落后的国家走上社会主义道路后如何加快发展等重大问题，具有十分重要的方法论意义。正是列宁最早把握住了马克思、恩格斯上述论断所蕴含的方法论精髓，并运用于指导俄国社会主义制度的建立和进一步向前发展的实践。他认为，社会主义文明必须在资本主义文明的基础上才能形成，必然要继承和汲取资本主义所创造的一切文明成果。尤其是列宁通过战时共产主义实践，深切体认到了现实发生的社会主义与经典社会主义最终确立之间存在着客观物质生产力上的距离，这在俄国社会发展历时态上没有完成的任务，只能在世界历史的历时态与共时态的统一中来实现。而现实的具体路径便是新经济政策。

列宁继承和发展了马克思、恩格斯关于东方落后国家可以跨越资本主义“卡夫丁峡谷”的理论。一方面，他坚定地认为“像俄国这样的国家发动社会主义革命，自然要比先进国家容易得多”①。十月社会主义革命的胜利，雄辩地证明马克思列宁思想的正确性。另一方面，通过十月革命胜利后战时共产主义的短暂实践，列宁又清醒地认识到东方国家对资本主义的跨越应是一个长期的艰难的过程。因为东方国家对资本主义跨越所要实现的则是一种理想的社会形态，社会主义作为人类理想的社会形态还是一种必须在社会主义实践中不断获得具体规定的理论形态；况且，东方国家所要跨越的资本主义与以往其他社会形态相比，在政治、经济、文化等各方面都显得更发达、更完善，在资本主义条件下形成的社会化大生产、商品经济规律、市场机制、先进的科学技术和生产组织管理方法等，都是以往其他社会形态所望尘莫及的，这些东西就是马克思所说的资本主义的“肯定性成果”，而这些东西恰恰是属于在生产力和经济发展阶段方面不可跨越的东西。基于上述原因，列宁在社会

① 《列宁全集》第 37 卷，人民出版社 1986 年版，第 372 页。

主义探索实践中，特别强调东方落后国家在取得社会主义革命胜利以后必须建立一个在吸收资本主义一切肯定成果方面完全开放的社会主义体制；强调社会主义实现得如何，取决于苏维埃管理机构同资本主义最新的进步的东西结合得好坏。鉴于俄国经济文化的落后状况，列宁认为，只有资本主义的发展，才能为社会主义的实现创造物质条件。当然，这里所发展的是无产阶级国家控制下的资本主义，即国家资本主义。列宁清醒地认识到："社会主义共和国不同世界发生联系是不能生存下去的，在目前情况下应当把自己的生存同资本主义的关系联系起来。"① 为了同资本主义国家做生意，以"获得机车、机器、电气器材等生产资料"来奠定社会主义必需的物质基础，列宁甚至不惜"用加倍的利润收买资本主义"②。总之，用列宁自己的话说："新经济政策……就是很大程度上转到恢复资本主义。"③ 当然，这是为无产阶级所利用的资本主义。

综上所述，"新经济政策"是列宁把马克思、恩格斯的"跨越论"的合理内核应用于俄国社会主义实践的理论创新，是列宁试图解决率先奔向社会主义的东方落后国家如何"吸取资本主义的一切肯定性成果"这一重大理论成果的实践探索，从这个意义上说，列宁毫无疑问是成功的。由于种种原因，特别是由于当时世界历史时代主题的限制，列宁没能最终完全得以实现，但他的"新经济政策"思想却极大丰富发展了马克思、恩格斯创立东方社会学说，并对东方落后国家建设社会主义路径选择提供了方法论指导。列宁的晚年实践尤其对中国共产党产生了深远影响。特别是在党的十一届三中全会以后，邓小平反复思考的问题就是如何解决生产力相对落后与"够格"的社会主义所必需的物质生产力基础之间的矛盾。他继承了列宁"新经济政策"这个解决重大矛盾的思

① 《列宁全集》第 41 卷，人民出版社 1986 年版，第 167 页。

② 同上。

③ 《列宁全集》第 42 卷，人民出版社 1987 年版，第 184 页。

路，从当今“世界历史”时代的高度把这个思路进一步发展为中国的对内对外的改革开放政策，从而开辟了有中国特色的社会主义道路，因而为中国特色社会主义理论体系的确立奠定了坚实的理论基础。

（四）列宁晚年关于俄国社会主义道路的最后思考

1922 年开始，列宁的身体每况愈下，不得不停止日常工作。他深感自己的生命会随时遭遇不测，便以对革命事业的高度责任感和惊人的毅力，在失去写作能力的情况下，从 1922 年 12 月 23 日到 1923 年 3 月 2 日，忍着巨大的病痛口授了被称为“政治遗嘱”的三封书信和五篇论文，即《给代表大会的信》、《关于赋予国家计划委员会以立法职能》、《关于民族或“自治化”问题》、《日记摘抄》、《论合作社》、《论我国革命》、《我们怎样改组工农检察院》、《宁肯少些，但要好些》。列宁全面地回顾和总结十月革命以来所走过的历程，特别是通过新经济政策的实践，他对社会主义的整个看法根本改变了，初步形成了建设和发展社会主义的基本思路。这些文献构成一个有机整体，涉及社会主义建设的政治、经济、文化各方面，是列宁最后关于社会主义建设的完整、全新的构想，也是列宁留给俄国和国际无产阶级极其宝贵的政治和理论遗产。

1. 关于十月革命发生必然性的总结

要发展马克思主义，就必须反对对马克思主义采取教条主义的迂腐态度，从新的具有特殊意义的社会实践中获取思想材料。列宁正是具有这种勇气和革命精神的理论家和实践家。前孟什维克理论家苏汉诺夫于 1922 年出版了《革命札记》一书，他打着维护马克思主义的旗号，攻击说俄国不具备实现社会主义的条件，十月革命违背了生产力决定生产关系的原理，违背了历史发展的规律性。针对苏汉诺夫关于俄国不具备实现社会主义的生产力前提的责难，列宁在《论我国革命》等文章中予以回击。他说：“他们都自称马克思主义者，但是对马克思主义的理解却迂腐到无以复加的程度。马克思主义中有决定意义的东西，即马克思主义的革命辩证法，他们一点也不理解。马克思说在革命时刻要有极大的灵活性，就连马克思的这个直接的指示他们也完全不理解。”① 列宁指出，历史发展的规律不会以“纯粹的一般”表现出来，历史发展也不是机械的单线条的进化，它总是通过偶然性在复杂的多样性的现实中展开。经济因素固然是发生社会革命的重要条件，但不是唯一条件。社会革命不是一个纯粹的经济过程，而往往是经济、政治、文化、军事和阶级力量以及革命形势等多种因素共同作用的结果。在列宁看来，俄国革命是在“特殊环境”下发生的会表现出一些“新的特征”的革命。所谓“特殊环境”是指第一次世界大战大大激化了各国的社会矛盾和阶级矛盾，革命一定会发生。俄国革命的“新的特征”，指俄国革命既是工人革命，又有农民革命相配合，实现了工农两种革命力量的联合，所以，革命一定会在俄国这样经济文化比较落后的国家首先发生。由于上述特殊情况，列宁抓住这一历史时机，领导俄国无产阶级果敢地发动了十月革命，并取得胜利，这恰恰贯彻了马克思主义的革命辩证法。苏汉诺夫不懂得这一点，因而不能够正确理解马克思主义。根据历史发展的一般规律，根据生产力决定生产关系原理，革命将在旧的经济关系比较成熟的国家里发生和先胜利。似乎可以由此认定，社会主义革命将在欧美国家发生和胜利，俄国等东方国家不具备社会主义的条件。苏汉诺夫等人正是根据这一点来诋毁十月革命的。列宁则从俄国无产阶级社会实践的特殊性出发，并从这里获取“思想材料”，破解了这一理论难题，从而发展了马克思主义。列宁指出：“世界历史发展的一般规律，不仅丝毫不排斥个别发展阶段的形式或顺序上表现出的特殊性，反而是以此为前提的。”② 俄国是介于欧洲文明国家和东方各国之间的国家，它势必表现出不同于两者的某些特殊性。即由于

① 《列宁全集》第43卷，人民出版社1987年版，第369页。

② 同上书，第370页。

革命环境和革命力量的特殊性势必导致的历史过程的一定特殊性。这就是：俄国无产阶级将趁势夺取政权，然后运用自己手中的政权创造实现社会主义的条件。不仅如此，列宁还指出："我们的欧洲庸人们做梦也没有想到，在东方那些人口无比众多、社会情况无比复杂的国家里，今后的革命无疑会比俄国革命带有更多的特殊性。"① 但特殊性并不偏离世界历史发展的总趋势。俄国虽没有经过资本主义的充分发展，但也具备了社会主义革命的基本条件，十月革命不仅没有违背历史发展的客观规律，而且充分显示了世界历史发展中一般与个别的辩证统一。俄国完全可以通过革命确立发展经济的政治前提，然后在苏维埃制度的基础上追赶发达的资本主义国家。列宁新经济政策的探索实践，找到了一条符合经济文化落后的国家向社会主义过渡的可行道路。20 世纪 90 年代苏联解体，不是因为"早产"，而是苏共党内外的主导观点背离马克思主义，否定十月革命的历史必然性、否定苏联社会主义制度存在合理性的结果。

2. 发展现代大工业，建立起强大的物质技术基础

众所周知，十月革命是在经济文化落后的俄国发生并取得胜利的社会主义革命。十月革命的胜利，虽然在苏俄建立了比资本主义"先进国家"优越得多的政治制度前提，但是经济文化落后的局面并不会立即自动改观，因此，苏俄无产阶级还必须为经济上赶超资本主义先进国家，建立起新的发达的社会主义经济而努力奋斗，为社会主义在苏俄的全面胜利，奠定坚实的社会主义经济基础。而这一任务的实现，在列宁看来，完全有赖于苏俄的社会主义工业化建设。基于当时苏俄在经济方面没有现代化的工业这一基本国情，列宁认为，在伟大的十月社会主义革命胜利之后，无产阶级就必须利用自己政治上的统治地位，尽快地解决社会主义的经济任务，改变经济文化落后的局面。而要做到这一点，就必须首先建设强大的工

① 《列宁全集》第 43 卷，人民出版社 1987 年版，第 372 页。

业，实现社会主义工业化，使国民经济的一切部门获得先进的现代技术。他曾用“社会主义 = 苏维埃政权 + 全国电气化”这样公式化的语言，表达了社会主义与工业化的关系。在“战时共产主义”时期，列宁主要通过国有化和消除小生产的方式来推进工业化。新经济政策实施以后，列宁改变了建设社会主义的方式，也改变了发展大工业、实现工业化的途径和方法。他从俄国生产力发展水平和农民人口占多数的情况出发，主张把外国资本和私人资本引入中小企业，在支持和提高中小企业和小生产发展的基础上，通过利用国家资本主义这一中间环节，逐步实现国家工业化。他指出，“如果不恢复工业和农业（而且必须不按旧方式来恢复），那么，共产主义社会是建设不成功的。必须在现代最新科学成就基础上恢复工业和农业”①。他还把实现工业化形象地比喻为“从一匹马上跨到另一匹马上，就是说，从农民的、庄稼汉的、穷苦的马上，从靠破产的农民国家实行节约的马上，跨到无产阶级所寻求的而且不能不寻求的马上，跨到大机器工业、电气化、沃尔霍夫水电站工程等等的马上”。列宁认为，“我们的希望就在这里，而且仅仅在这里”②。

3. *发展农业合作社，引导农民走社会主义道路*

俄国是一个小生产占优势的国家，能不能引导农民走上社会主义道路，关系到社会主义能否最终取得胜利。那么，如何引导农民走社会主义道路呢？对这个问题的探讨，列宁经历了从“共耕制”到“合作制”的重大战略转折，从而实现了对社会主义的整个看法的根本改变。十月革命胜利前夕，列宁依据马克思和恩格斯关于改造私有农业经济的构想，提出解决农业问题的设想是，首先没收封建地主阶级的土地，分给农民，然后实现土地国有化，建立公共大农业。从十月革命胜利到 1920 年年底，特别是在战时共产主义时期，列宁将上述思想付诸实践，试图建立共耕制农业。那时推行

① 《列宁选集》第 4 卷，人民出版社 1995 年版，第 797 页。

② 同上。

的共耕制与工业、商业领域实行的战时共产主义措施是协同一致的。这时列宁在理论上将社会主义与商品经济对立起来，认为从事小商品经济的农民是资本主义的自发势力，要通过集体化堵塞资本主义孔道。但是，实践证明，共耕制这种改造农业和农民的模式并不适合当时的俄国，无论从生产力发展水平还是从农民的觉悟程度看都是如此。当时苏俄农业仍以手工工具和畜力为主，生产技术低下，远不具备实行集体化生产的条件。更重要的是农民世代为小商品生产者，希望自由支配自己的劳动和产品，不习惯剧烈变革延续多年的生产和生产方式，难以接受共耕制形式。这说明，共耕制严重脱离农村实际。在事实面前，列宁认识到："集体农庄的问题并非当务之急。我知道，集体农庄还没有很好地组织起来，还处于名副其实的养老院的可怜状态。"[①] 因此，现在还不能设想向社会主义和集体化过渡。由于农民小生产具有劳动者和私有者的两重性，对农民既不能驱除，也不能暴力镇压，而唯一可能的途径就是通过长期、缓慢、谨慎的组织工作来改造和教育他们。经过初步实践，特别是实行新经济政策以来农村合作制发展的经验，列宁终于发现合作社是吸引农民走上社会主义道路的最好途径。

列宁在 1923 年 1 月写成的《论合作制》一文中，提出了通过合作社建成社会主义的思想，明确提出了把小农逐步引向社会主义的合作社计划，全面制定实现合作化的纲领，阐明合作社的性质和作用，提出了实现合作化的政策措施，论证了实现合作化的条件和保证，等等。在《论合作制》一文中，列宁揭示并论证了在无产阶级掌握政权和生产资料公有的条件下合作社的性质。他改变了过去把合作社看作是国家资本主义性质的观点，认为它是社会主义性质的。因为在新经济政策的条件下，通过合作社，就可以把俄国的小生产者吸引到合作社这种集体经济中来，克服小生产的自发势力，并逐步使小生产者过渡到社会主义。由于合作社占有的土地和

① 《列宁全集》第 40 卷，人民出版社 1986 年版，第 177 页。

使用的生产资料属于工人国家的，因此，这种集体企业就同社会主义企业没有区别了。正是在这个意义上，在实行新经济政策的条件下，使俄国居民充分广泛而深入地合作化，这就是我们所需要的一切，就是“建成社会主义所必须而且足够的一切”。因为现在我们已经找到了私人利益、私人买卖的利益与国家对这种利益的检查监督相结合的尺度，找到了使私人利益服从共同利益的尺度。使俄国居民合作化，现在对我们有巨大的、不可限量的意义。“单是合作社的发展就等于……社会主义的发展”[①]。同时列宁还阐明了合作化的原则、方法和步骤。列宁指出，实行合作化必须坚持自愿原则，采取典型示范的方法，向农民显示合作化的优越性，从而吸引他们自愿组织起来。合作化必须逐步推进，由小到大，从低到高，从简单到复杂，使农民逐步改变旧习惯，适应合作化的生产和生活。总之，通过合作化来实现农业社会主义改造是一项长期艰巨的任务，必须循序渐进，并坚持教育、示范和自愿的原则。同时，国家对合作化给予科学指导，并在各方面给合作社以切实的支持。

4. *加强执政党和国家政权建设，充分发扬社会主义民主*

列宁晚年通过深入思考，在健全党的制度、加强政权建设、发扬社会主义民主、加强检察机关监督、防止和克服官僚主义方面，都有深刻的论述，这对于我们加强执政党和国家政权建设有着十分重要的指导作用 。首先，必须坚持党在无产阶级国家政权和社会主义建设中的正确领导。列宁认为，共产党一党执掌政权，并不等于它对国家的领导不受任何制约，党的领导必须是思想政治领导与组织领导的统一。无产阶级专政是由若干“齿轮”组成的复杂系统，劳动者的组织则是无产阶级专政复杂体系中的“传动装置”，他们从不同方面担负着实现无产阶级专政的任务，但居领导地位的必须是共产党。如果没有各种将共产党和人民群众联系起来的“传动装置”，党的领导作用就无法实现，比如，工会就是一个灵

---

① 《列宁选集》第 4 卷，人民出版社 1972 年版，第 687 页。

活而又较为广泛、力量强大的无产阶级机构，党通过这个机构同本阶级的群众保持密切联系，无产阶级通过这个机构在党的领导下实现。列宁认为，共产党一方面要加强对政权机关的领导；另一方面又必须善于正确领导，实现党政分工。党要努力领导苏维埃的工作，但不能代替它；党不应管理经济机关的日常工作，不应发布苏维埃工作方面的行政命令。总之，一句话，党无论如何不能把自己的职能同国家机关的职能混淆起来。其次，实现党的领导必须加强执政党自身建设。在组织建设方面，特别强调党内民主与集中的统一。他认为，党内民主，就是党内平等，无论是普通党员，还是高级领导人，都应平等地享受权利、平等地履行义务。在处理党和国家重大问题时，在中央委员会和政治局内部，都严格遵守少数服从多数的原则。他为党起草过许多重要文件，提出过许多建议，但只有经过政治局集体讨论、做了修改和补充之后，才能作为党的决议。在维护党的团结统一方面，坚决禁止任何派别活动。在提高党员素质、纯洁党的队伍方面，坚持严格的入党条件，坚持党员标准。列宁多次指出："徒有其名的党员，就是白给，我们也不要。世界上只有我们这样的执政党，即革命工人阶级的党，才不追求党员数量，而只注意提高党员质量和清洗'混进党里来的人'。"① 最后，加强检察机关监督，防止和克服官僚主义。列宁在《怎样改组工农检察院》、《宁肯少些，但要好些》等文中，提出了两项划时代的任务：一是改革国家机关，发动群众参加管理，监督国家机关，反对官僚主义；二是进行文化建设，提高工农的文化水平。针对当时苏维埃机关存在的墨守成规、办事拖拉、文牍主义、形式主义、本位主义等现象，列宁认为这是官僚主义的表现，必须坚决清除。他分析了官僚主义对发展社会主义的严重危害，把反对官僚主义作为改造国家机关一项重要任务提出来。对国家机关的改革，他提出如下建议：一是按"宁肯少些，但要好些"的原则，大力精

① 《列宁选集》第4卷，人民出版社1995年版，第76页。

简机构，压缩编制，消除机构重叠、人浮于事现象。二是加强法制建设，建立有效的法律监督机制，将工农检察院的权限扩大到所有机构和企业，把工农检察院改造成为检察与改进国家机关工作效率的有效手段。三是实现全体居民参加管理，只有在全体居民都参加国家管理时，才能彻底地进行反官僚主义的斗争。

5. 开展文化革命，发展文化事业

列宁晚年在他关于社会主义建设的构想中，把文化建设放在更加突出的位置。首先，他从文化建设事关社会主义建设成败、事关社会主义民主政治发展和社会主义经济建设的顺利推进角度，系统论述了文化建设对于苏俄社会主义建设的重大意义。列宁指出，文化建设对于整个社会主义建设来说都是极其重要的。文化建设可以为经济建设提供精神动力和智力支撑，是发展民主政治的重要保证。社会主义不仅要求具有新的经济制度和政治制度，而且要求具有高度发展的科学和文化。不提高人民的文化水平，社会主义就无法建立。列宁科学阐明了文化革命同经济建设、政治建设的辩证关系。他认为，经济建设是政治建设、文化建设的物质基础，政治建设是文化建设的重要前提和保障，而文化建设是经济建设和政治建设不可或缺的条件，它们相互联系、相互促进。实现机械化电气化离不开文化建设，实现合作制也需要文化革命，而落后的文化现状已严重制约俄国经济的发展，民主的推进。鉴于此，晚年的列宁十分强调文化革命的伟大意义。正如他在《论合作制》一文中指出的："从前我们是把工作重心放在而且也应该放在政治斗争、革命、夺取政权等方面，而现在重心改变了，转到和平的'文化'组织工作上去了。"① 为强调文化建设对于社会主义建设的极端重要性，列宁在《论合作制》中首次使用了"文化革命"这个概念，并将"文化革命"与"改造国家机关"并列作为苏俄两个划时代的主要任务之一。他坚定地认为："现在，只要实现了这个文化革

① 《列宁选集》第4卷，人民出版社1995年版，第773页。

命，我们的国家就能成为完全社会主义国家了。"[①] 其次，列宁为俄国明确了社会主义文化革命的根本任务。文化革命的根本任务，就是建设和发展以马克思主义为指导的无产阶级文化，造就具有共产主义觉悟和现代科学文化知识的建设社会主义、共产主义的一代新人。列宁认为，无产阶级教育工作的方针就是要反对教育不问政治说法。他公开地提出教育必须联系政治，教育的基本任务是帮助、培养和教育群众克服私有者的习惯和风气，树立为共产主义理想而斗争的信念，使学校成为无产阶级专政的工具。他还指出，共产主义思想教育必须克服书本与生活实践相脱离的弊病。他一再告诫全党，只有大力发展现代教育，才能在最新科学技术基础上，改造与恢复工农业，才能保证整个苏维埃社会主义建设取得最后成功；否则，共产主义不过是一种愿望而已。他尖锐地指出："无产阶级文化不是从天上掉下来的，也不是那些自命为无产阶级文化专家的人杜撰出来的，如果认为是这样，那完全是胡说。无产阶级文化应该是人类在资本主义社会、地主社会和官僚社会压迫下创造出来的全部知识合乎规律的发展。"[②] 他强调，无产阶级必须取得资本主义遗留下来的全部科学、技术、知识和艺术，才能建成社会主义。最后，列宁提出了发展社会主义文化的基本途径。一是社会主义文化建设离不开党的领导。列宁指出，文化建设必须由党来领导，决不能离开苏维埃政权而独树一帜。为保证文化建设的社会主义发展方向，列宁提出，"我们要运用全部国家机构，使学校、社会教育、实际训练都在共产党员领导之下为无产者、为工人、为劳动农民服务"[③]。二是文化工作重点放在农村。列宁认为，在苏俄进行文化建设，必须考虑苏俄文化落后的实际状况，俄国农村人口占全国人口的82%，而且农村居民中的绝大多数都是文盲。因此，

① 《列宁选集》第4卷，人民出版社1995年版，第774页。
② 《列宁选集》第4卷，人民出版社1972年版，第384页。
③ 《列宁选集》第4卷，人民出版社1995年版，第125页。

要提高全民的文化素质，首先就是提高农民的文化素质，文化工作的重点应该放在农村。三是加强教师队伍建设，改善教师生活待遇。列宁认为，不提高教师的地位，就谈不上任何文化。衡量国民教育部门的工作成绩，首先应看这方面工作做得如何。1923 年，重病中的列宁还批评国家在满足初级国民教育方面的工作做得太少。他在《论合作制》一文中特别指出，“首先应当缩减的，不是教育人民委员部的开支，而是其他部门的开支，以便把缩减出来的款项，转作教育人民委员部的经费”；要“使整个国家预算首先去满足初级国民教育的需要”①。

总之，列宁晚年对社会主义的再认识是列宁主义的重要组成部分，是列宁对俄共（布）领导的社会主义建设实践的科学总结。这些理论进一步丰富发展了马克思主义。可惜后来苏联党的领导人没有全面贯彻落实，以致列宁的社会主义建设模式被中断，转而形成了高度集中的斯大林模式。

三　成就与局限——斯大林—苏联社会主义建设模式的历史评说

20 世纪 20 年代中期到 50 年代初，是斯大林领导苏联人民进行社会主义建设的重要时期。在此期间，斯大林面对十分严峻的国际、国内形势，根据科学社会主义的一些理论设想，结合苏联的具体实际，领导苏联人民对社会主义建设理论与实践作了长期探索，提出并实施了建设社会主义的方针、政策，确立了社会主义的基本制度和运行体制，形成了社会主义发展史上第一个建设社会主义模式，史称斯大林模式。这一模式是 20 世纪社会主义建设道路的第一次可贵探索，它为建立强大的社会主义苏联，为战胜德国法西斯的入侵，为取得第二次世界大战的全面胜利奠定了坚实的物质基础

① 《列宁选集》第 4 卷，人民出版社 1995 年版，第 763 页。

和思想基础。这一历史成就，也为后来社会主义建设道路各种探索，特别是中国特色社会主义道路的开辟提供了可资借鉴的有益经验和深刻教训。

（一）苏联社会主义建设道路的探索实践

1. 苏联社会主义建设道路的争论与选择

随着新经济政策的实施，苏联国民经济得到了基本恢复，苏联党和政府随即把实现国家工业化的任务提上了议事日程。只有加快实现国家工业化，才能为社会主义奠定坚实的物质基础，在这一点上，斯大林的认识与列宁的思路是一致的。1925 年 12 月，联共（布）十四大提出实现社会主义工业化的方针，决定把苏联从农业国变为工业国。随后联共（布）中央全会又制定了实现社会主义工业化的具体纲领，苏联工业化的进程由此开始。

对于苏联而言，实现社会主义工业化意义重大，但需要面对的现实困难很多，特别是在社会主义建设道路的选择上，意见分歧很大。列宁逝世后，布尔什维克党内就世界革命转入低潮的国际形势下，在苏联一国能否建成社会主义以及如何建成社会主义等重大问题上就发生了两场激烈争论。一场是以托洛茨基为首的“左”派反对派与斯大林、布哈林等的论战，围绕苏联一国能否建成社会主义展开。托洛茨基等从“不断革命”的立场出发，认为在俄国这样落后的国家完全建成社会主义是不可能的。只有在世界革命完成之后，才能谈论建设社会主义的道路和方法。列宁新经济政策只是权宜之计，苏维埃当前最主要的任务就是实行“社会主义原始积累”，最大限度地剥夺农民，实行“超级社会主义工业化”，将农民当成无产阶级革命的“殖民地”牺牲农民利益，无产阶级只有采用这种方法，才能维持到欧洲革命的到来。而此时斯大林认为在苏维埃政权条件下，工人阶级和农民根本利益一致，无产阶级专政国家能够吸引组织农民走上社会主义道路，实现一国建成社会主义。概括地说，在一国能否建成社会主义问题的辩论中，布哈林同斯大林一起与托洛茨基“反对派”进行了坚决斗争，捍卫了列宁一国建成社会主义学说。斯大林深切体会到列宁思想的辩证实质，在他看来，“在世界革命陷入低潮时，如果没有国家建设的明确前途，没有建成社会主义的信心，工人群众就不能自觉地参加这种建设，他们就不能自觉地领导农民。没有建成社会主义的信心就不能有建设社会主义的意志”。斯大林坚定地指出，在资本主义包围下的苏联，一国有没有可能建成社会主义呢？有！不仅可能，而且必要，并且不可避免。斯大林对这一理论从多方面进行了论证。

另一场论战是在斯大林与布哈林之间展开的，争论的焦点是列宁时期实施的“新经济政策”是继续推行下去还是立即终止。20世纪20年代末，在同托洛茨基等反对派争论后，斯大林敏锐地注意到了世界形势的重大变化和爆发战争的危险性，所以，在关于如何建设社会主义这一问题上，他与布哈林之间开始出现严重的分歧和争论。布哈林认为，苏联在相当长的时期内将是落后的社会主义，它将经过长期的、缓慢的、痛苦的发展过程，这是由俄国社会的落后性决定的。但是，这毕竟是社会主义，它将沿着完全确定的路线发展下去。很明显，布哈林的思想就是在坚持并发展列宁的“新经济政策”，使苏联沿着这条道路走下去。他甚至认为这是落后国家建设社会主义的必由之路。布哈林的这一套理论主张，斯大林当年是积极拥护的，但到了20年代末期却遭到了斯大林的无情批驳。斯大林认为，苏联面对世界资本主义的包围，随时面临帝国主义侵略的威胁，要打赢帝国主义战争，必须有强大的工业基础特别是强大的重工业。如果苏联经济长期处于落后状态，孤立的苏维埃社会主义随时都有可能在法西斯和资本主义世界的经济优势、军事进攻面前归于毁灭。在这样的严峻形势面前，斯大林认为必须根据形势的变化和国内建设任务紧迫的现实，强力推进社会主义建设，争取在最短的时间内完成国家工业化的任务。苏联必须在最短的时间内实现工业化，消除与发达国家50—100年的差距，以对付新的帝国主义战争的威胁。要做到这些，在斯大林看来，这必须要由国家统一掌握资源，作统一的配置与安排。换言之，必须通过大规模的公有制和计划经济对资源作向重工业倾斜的有效配置。“新经济政策”不可能迅速实现这一点。而“没有重工业，便无法保持国家的独立；没有重工业，苏维埃制度就会灭亡”①。斯大林关于强大的重工业与苏联社会主义命运紧密相连的有力论述，说服了全党，在争论中居于有利地位。这场争论以布哈林的失败而告终。

实际上，通过两次论战，在苏联社会主义道路选择上，呈现出三个有代表性的方案：托洛茨基方案、布哈林方案和斯大林方案。争论的结果最终以斯大林及其“一国建成社会主义理论”占了统治地位，这就为苏联斯大林模式的最终形成奠定了理论基石，尽管在这理论基石之中，蕴含了若干内在的深刻缺陷。历史地看，布哈林等人的某些主张更符合列宁晚年关于社会主义建设的思想，也更符合俄国生产力水平和经济发展的客观规律。因为内因是根据，外因是变化的条件。但是，外因有时起非常重大的作用，在社会历史发展的紧要关头更是如此，列宁正是成功运用这一历史辩证法，领导俄国人民取得十月社会主义革命的胜利。当苏联社会主义建设道路再次处在历史紧要关头，斯大林审时度势，终止“新经济政策”，为苏联选择了超经济积累以实现工业化和超阶段实现农业集体化、由国家强制推行集中统一的计划经济体制，即斯大林模式。笔者认为，斯大林之所以如此选择，这是从苏联社会主义建设实际出发而作出的大智慧的选择。因为斯大林当时认识到苏联实现工业化至少不能回避两个客观事实：一是没有从容的时间，国内外的严峻形势没有留给足够的时间来确保苏联按常规的方式实现工业化；二是没有像西方资本主义国家实现工业化时的条件，采取掠夺殖民地的原始积累的方式。资金的积累只能靠本国节约，只有社会主义积累的唯一道路。这样，苏联工业化只有从重工业开始，采取高速度发展大工业的方针以赢得时间和速度；只有改变新经济政策的思

① 《斯大林选集》下卷，人民出版社 1979 年版，第 496 页。

路，牺牲农民和农业的正常发展，带有强制性地在农村开展农业集体化运动，以保证工业化顺利进行的资金来源。而布哈林则坚持只有通过“新经济政策”才能使苏联走上社会主义道路，而无视上述事实，不免有点教条化。关键在于，国家实行什么样的发展战略，是由国内外形势以及由此决定的主要矛盾决定的。即便是今天，要对当年斯大林与布哈林之间的这场争论作出孰是孰非的价值判断，仍然是很困难的。在争论发生的12年后的1941年6月，法西斯德国大规模武装入侵苏联，苏联卫国战争爆发。苏联主要依靠自己的军事力量打败了纳粹德国，并一路反攻，解放了半个欧洲。继而履行“雅尔塔协议”，挥师东进，解放中国东北和北纬38度线以北的朝鲜地区，歼灭日本法西斯主力部队——关东军近百万人，为赢得第二次世界大战的彻底胜利做出了巨大的贡献。这些事实足以证明斯大林关于加速工业化特别是重工业化与社会主义命运紧密相连观点的正确性。[①] 倘若按照布哈林的建议，继续坚持列宁的“新经济政策”，这些年的发展又会是怎样的结局呢？精通辩证法的列宁如果也面对此情此景，又会作出怎样的历史选择呢？但历史是不容许假设的。社会主义由理论变为现实后，社会主义理论也就进入了由社会主义实践来检验、修正、丰富和发展的新时期。正如列宁1918年在《全俄苏维埃第五次代表大会上关于人民委员会工作的报告》中所说：“对俄国来说，根据书本争论社会主义纲领的时代已经过去了，我深信一去不复返了。今天只能根据经验来谈论社会主义。”[②] 列宁的这番话，不仅对于俄国人如此，任何人要获得社会主义的正确认识，都必须紧密结合现实社会主义实践，单纯从书本上来认识社会主义是教条主义的态度。

2. 斯大林—苏联社会主义建设模式的形成

1922年4月，在党的第十一次代表大会上，根据列宁的建议，

① 童星主编：《科学社会主义的理论与实践》（第4版），南京大学出版社2011年版，第131页。

② 《列宁全集》第34卷，人民出版社1985年版，第466页。

斯大林当选为俄共（布）中央委员会总书记，此后30年他一直担任党的这一最高领导职务。这为斯大林社会主义建设模式的最终形成提供了组织保证。斯大林接班的时候，苏联是一个落后的农业国，在工农业总产值中，农产品占2/3、工业品占1/3；工业基础薄弱，没有一个完整的工业体系。随着“新经济政策”的实施，苏联国民经济得到了基本恢复，苏联党和政府随即把实现国家工业化的任务提上了议事日程。1925年12月，联共（布）十四大提出实现社会主义工业化的方针，决定把苏联从农业国变为工业国。联共（布）中央全会又制定了实现社会主义工业化的具体纲领，苏联工业化的进程由此开始。苏联工业化的特征是：一是高速度；二是优先发展重工业。这在当时的历史环境下是正确的选择。斯大林认为，工业化的中心和基础是发展重工业，“不是发展任何一种工业都是工业化。工业化的中心，工业化的基础，就是发展重工业（燃料、金属等等）。归根到底，就是发展生产资料的生产，发展本国的机器制造业”①。而斯大林之所以强调要优先发展重工业，主要是从苏联所处的国际环境出发的。他曾总结说：“没有重工业就无法保卫国家，所以必须赶快着手发展重工业，如果这件事做迟了，那就要失败。”② 实现工业化，还要有高速度。在斯大林看来，“延缓速度就是落后，而落后者是要挨打的”（《斯大林选集》下卷，人民出版社1979年版，第273页）。从1928年开始，苏联有计划、有步骤地开展了大规模工业化建设。经过两个五年计划，苏联建成了一大批新的工业部门，并建立起牢固的工业化基础，使苏联很快从一个落后的农业国变为一个强大的工业国。到1937年，苏联的工业总产值跃居欧洲第一位、世界第二位。为苏联在险恶的国际环境中立于不败之地，能最终战胜法西斯侵略奠定了重要基础。

① 《斯大林选集》上卷，人民出版社1979年版，第462页。

② 同上书，第496页。

在推进国家工业化的同时，苏联也开始了农业集体化进程。1927 年 12 月，联共（布）召开了第十五次代表大会，决定开展农业集体化。在农业集体化开展初期，斯大林并没有急于推进，而是主张逐步展开。随着工业化的迅速推进，对粮食和其他各种农产品的需求不断增多。而农业生产发展缓慢，跟不上工业化发展的要求，出现粮食短缺问题，于是，斯大林改变了思路，加快集体化的进程。斯大林认为，加速集体化是解决工业用粮和其他各种农产品采购的根本途径，只要建立起大规模的、机械化的集体农庄和农场，就可以使苏联农业有一个大发展。据此，1929 年 11 月，苏联农业集体化的速度开始加快。经过努力，到 1933 年年初，农业集体化的任务已经完成。苏联农业集体化的实现，完成了对传统农业的深刻改造，使苏联的农业从个体经济变为集体经济。它为苏联工业化创造了条件，也为苏联农业机械化、现代化打下了基础。

随着国家工业化和农业集体化的实现，苏联社会发生了重大变化。在斯大林的领导下，从 1928 年 10 月至 1936 年年底，苏联通过两个五年计划，完成了国家工业化和农业集体化的任务，社会生产力获得迅速发展，由一个落后的农业国变成了一个强大的工业国；社会经济关系和阶级结构也发生了根本变化，建立了社会主义公有制和以工农联盟为基础的无产阶级国家；与此同时，苏联社会主义的基本制度及其经济、政治、文化体制和运行机制得以确立。1936 年 12 月，苏联颁布制定了新宪法，这部新宪法用法律的形式把上述这些成果固定下来，标志着斯大林社会主义模式的形成。

（二）斯大林—苏联社会主义模式的基本特征及其成因

1. 斯大林—苏联社会主义模式的基本特征

要弄清这个问题，首先要对社会制度和社会模式有一个科学的认识。对于社会制度的理解，通常包括两层含义：一是社会的基本制度；二是社会的具体体制。社会基本制度和实现这一制度的具体体制是两个不同层次的概念，必须严格地、科学地区别开来，不能混淆。社会基本制度是指在一定社会形态中占统治地位的经济、政治、文化制度，如我国现在实行的以公有制为主体的经济制度。它规定该社会形态的本质特征。社会基本制度具有根本性、稳定性和原则性特点，它是不能根本改变的，但需要不断完善。具体体制是体现一定社会基本制度并为实现社会基本制度而建立起来的各种具体运行机制，它存在于社会生活的各个领域，如经济体制、政治体制、文化体制等。具体体制具有具体性、可变性特点，它必须随着生产力的不断发展而适时改变，这种改变不是基本制度的根本改变，而是通过变革体制完善基本制度。具体体制在一定限度内的变化不会影响社会基本制度的性质。社会基本制度是具体体制运行的制度基础，具体体制是社会基本制度的具体实现形式，是社会基本制度得以实现和发挥作用的主要载体，社会基本制度的作用与性质要通过相应的体制来实现。具体体制的选择与更替必须服从于社会基本制度的性质和有利于社会基本制度本质的实现。而社会模式主要是指某方面特定的运行机制，它包括具体的体制如经济体制、政治体制文化体制等，是解决某一社会制度下具体问题的。如经济运行、政治运转、文化运行等，而制度则不同，它的存在决定着整个社会的特征和整个社会方方面面运行的方式，很显然，它涵盖的范围要比社会模式大得多，而且，在同一个社会制度下，可以而且应该存在不同的社会模式。二者又是相互依赖、相互依存、不可分割的，所以，二者既有联系又有明显的区别，科学区分把握二者的关系，有助于我们正确认识、科学分析苏联社会主义模式。所谓苏联社会主义模式，就是苏联社会主义的基本制度和具体体制的统一。苏联社会主义建设模式中当然包括苏联社会主义的基本制度的内容，不然就不能称其为社会主义模式。它是社会主义社会形态所特有的，而与其他社会形态相区别的最为根本的东西；它体现科学社会主义基本原则，是普遍规律和基本遵循，是发展社会主义的共同道路。而苏联社会主义社会制度的具体体制，体现了苏联社会主义基本制度并为实现社会基本制度而建立起来的各种具体运行机制，它存在于社会生活的各个领域，如苏联经济体制、政治体制、文化体制等。它是把科学社会主义基本原则同苏联国情相结合进行探索的结果。所谓斯大林—苏联社会主义模式是指苏联人民在斯大林领导下进行社会主义建设形成的道路、方针、政策以及所实行的经济、政治、文化管理体制的总称。结合苏联社会主义建设的实际看，斯大林时期，苏联社会主义建设的探索实践是坚持和捍卫社会主义基本制度的，这一点是毫无疑问的。具体体现是：在经济上，建立起全民所有制和集体所有制两种形式的社会主义公有制，使之在国民经济中占统治地位，并在此基础上实行按劳分配的原则，社会主义社会的基本经济制度得以确立；在政治上，坚持无产阶级政党——共产党的执政地位，建立了以工人阶级为领导、以工农联盟为基础的苏维埃政权，对资产阶级和一切敌对势力实行专政，对无产阶级和广大劳动人民实行民主，坚持和捍卫了社会主义基本政治制度；在思想文化上，以科学社会主义理论为指导，确立了马克思主义在意识形态领域的指导地位。所有这些都是社会主义本质特征和基本原则的体现，关于这一方面的内容，在此不再赘述。我们在这里重点谈斯大林时期苏联社会主义模式中的具体体制和运行机制，这是社会主义本质特征在苏联条件下的具体实现，具有鲜明的苏联特色。苏联社会主义建设模式在具体体制和运行机制上的基本特征是高度集权，分别体现在经济、政治、文化等各个方面。

（1）高度集中的经济体制。第一，在所有制形式上，实行单一的社会主义公有制经济。斯大林以消灭城乡资本主义，建立起全民所有制和集体所有制经济，作为建成社会主义社会的基本经济目标，所以，他抛开了列宁“新经济政策”那种循序渐进的办法，采取行政手段甚至暴力手段来消灭富农并剥夺其财产，完全排斥其他经济成分发展。这样，在20世纪30年代中期，苏联在完成国家工业化和农业集体化基础上，形成了生产资料公有制的两种形式：

全民所有制（国家所有制）和集体所有制。国家所有制被看作是社会主义所有制的高级形式，是它的主体；集体所有制被认为是社会主义公有制的低级形式。集体所有制必须向全民所有制过渡，最终实现单一的社会主义全民所有制。把社会主义公有制具体化为国家和集体两种形式，在没有任何经验借鉴的情况下，是对科学社会主义公有制原则的理论创新。但在实践中，过早地消灭私人经济和个体经济，脱离了生产力发展水平，产生盲目追求单一工业化的错误倾向。第二，实行高度集中的计划经济体制。从1928年实行第一个五年计划以来，苏联一直实行的是高度集中的计划经济体制。斯大林认为，实行指令性计划经济，这是由生产资料公有制的性质决定的。既然生产资料归国家或国家能够直接控制的集体所有，国家就可以实现对企业和个人经营活动的直接控制，就可以建立起自上而下的、以行政管理为特征的计划经济。这样，国家机关就有权指挥企业一切基本的经营活动的权利和权力，企业和个人只有听从上级机关命令、完成下达的计划任务的义务，所有权和基本的经营管理权都集中在国家手里。这样的体制和运行机制，有利于经济的稳定发展，有利于集中力量加快发展。社会主义经济的发展应该有宏观控制计划，但这种过分集中的指令性、无所不包的和强制性的计划管理体制，必然排斥市场机制，否认和限制商品货币关系，妨碍生产力的进一步发展。第三，实施优先发展重工业的工业化道路。这条道路的特点在于："工业化是同消灭资本主义成分、建立工商业的国有制并以此为基础相同步，由党和政府充分调动全体人民的爱国热情，通过计划和强制手段实行高指标和高积累，重点发展重工业，在短时间内超高速实现的。"① 从1926年开始，苏联工业化采取优先发展重工业，国家把资源和资金优先分配给重工业，力求国民经济高速增长，经过两个五年计划，苏联建立起强大的重工业部门，形成以重工业为中心的工业体系和重、轻、农为序的国

① 程又中：《苏联模式的兴衰》，湖北人民出版社2000年版，第95—96页。

民经济体系。至20世纪30年代末，工业产值已占工农业总产值的3/4左右，苏联宣布从农业国变成工业国。

（2）高度集权的政治体制。在政治体制方面，苏联是民主选举产生的苏维埃共和国，是民主共和国的联盟。最高苏维埃是最高国家权力机关。行政、司法和检察都产生于、从属于最高苏维埃。它们之间是领导和被领导、监督与被监督的关系。最高苏维埃是立法机构，拥有立法权；最高苏维埃主席团是最高苏维埃的常设机构；最高行政机构即政府是人民委员会，它作为最高苏维埃的执行机构，对最高苏维埃及其主席团负责。苏联共产党是苏联唯一的政党，由它独掌全国政权。由于苏联实行的是单一的社会主义公有制，没有产生多党制的经济基础。所以，斯大林认为，在苏联，既无必要也无可能存在其他政党，只许共产党一党存在。共产党在实际上绝对地领导着最高苏维埃和苏联政府。这种政治体制很像一座金字塔，塔顶好比是党，中间是包括苏维埃机构在内的一切非党群团组织，下层是普通的党员和群众。在这种体制中，党是领导者，实行民主集中制原则，少数服从多数，下级服从上级。这种领导体制的优势在于能确保党在行动上的高度统一，能保证党中央的决定得到切实的贯彻落实。斯大林政治体制的最大特点是实行高度的中央集权和个人集权，具体表现在以下四个方面：第一，党政不分，以党代政。苏联宪法虽然明确了党对国家的领导主要是政治领导、组织领导和思想领导，但在实际工作中，党领导一切、包揽一切，国家机关的权力十分有限，出现党政不分，以党代政倾向和弊端。第二，强化阶级斗争和无产阶级专政，忽视社会主义民主和法制建设。第三，选举制为任命制、终身制、家长制所取代，党政官僚阶层掌控权力。第四，权力高度集中于党中央政治局和书记处少数人手中，缺乏党内民主监督机制，易导致个人专断和个人崇拜。

（3）官方全面控制的思想文化体制。苏联思想文化体制同政治体制密切相连，它的基本特征也是高度集中，但垄断性更强，具有浓厚的文化专制主义色彩。斯大林时期，社会主义模式确立了马克思列宁主义在意识形态中的指导地位；始终坚持党管意识形态的原则，强调党员在思想理论上与党中央要高度一致；提倡共产主义道德和集体主义观念，反对个人主义。这些做法和主张，在全社会普及马克思列宁主义，符合社会主义的内在要求，有利于社会主义建设事业的健康发展。但是，过分强调思想理论上的高度一致，表现为少数人垄断对马克思主义的解释权，缺乏学术自由，使整个思想文化领域长期陷入消沉、死寂、僵化的状态中；主要依靠行政手段管理思想文化工作，用政治权威来判断和裁决学术是非，特别是斯大林对马克思列宁主义采取了一些教条化、简单化的解读和阐释，不允许有任何怀疑和批评意见，为社会科学和自然科学研究设置许多禁区，教条化、凝固化、绝对化的理论严重抑制思想文化的繁荣发展，进而导致社会生活的停滞。

2. 斯大林—苏联社会主义模式的成因分析

苏联是世界上第一个社会主义国家，它所进行的社会主义建设是一项全新的事业。苏联人民在探索社会主义道路过程中，经历了短暂的列宁时期之后，接下来是长达30年的斯大林时期，在这一时期，苏联人民在斯大林领导下形成的社会主义工业化道路及与之相适应的以高度集权为特征的社会主义基本制度和运行体制，即苏联社会主义模式，也称斯大林模式。苏联社会主义模式的形成绝非偶然，它是苏联当时所处的各种历史条件合力发展的产物。概括起来主要有以下几个方面原因。

首先，从国际背景看，苏联社会主义模式是在第二次世界大战前苏联所处的特殊国际环境下形成和发展起来的。苏联高度集中的社会主义体制产生于20世纪30年代末，当时苏联所处的环境十分险恶。1929—1933年，资本主义世界爆发了空前严重的经济危机，这次危机给资本主义以巨大的打击，为了摆脱经济危机造成的严重影响，美国总统罗斯福宣布实行“新政”，试图改良和完善资本主义；而另外一些资本主义国家，如德、意、日等国，为转嫁危机，先后走上了法西斯专政和发动对外战争的道路，成了世界人民最危险的敌人和新的世界大战策源地。而苏联是当时世界上唯一的社会主义国家，处在世界资本主义的包围之中，随时面临帝国主义战争的威胁。为了打破帝国主义的包围封锁，应对随时可能爆发的战争，必须尽快地增强自己的国家实力，必须建立起强大的工业基础。迅速实现工业化，发展重工业以及以重工业为基础的国防工业，加强国防力量，对苏联显得尤为迫切。而问题在于，在一个经济技术落后、财力物力匮乏的农业国家，究竟如何才能快速实现工业化。从历史经验看，资本主义国家工业化道路首先是从发展轻工业开始的，它经过 50—100 年时间才建立起现代工业。19 世纪末 20 世纪初，资本主义社会才向重工业化社会发展。那么，苏联究竟应该选择怎样的道路呢？在这种特殊环境下，时间和速度对苏联社会主义的生死存亡就具有了压倒一切的意义，斯大林选择了以高速发展重工业为中心的不寻常的工业化道路，而要做到这些，就必须实行高度集中的计划经济体制，通过全党全民动员和国家行政命令，集中全国的人力、物力、财力于最重要部门。而这条道路的特点在于，通过大规模的公有制和计划经济体制对有限资源作向重工业倾斜的有效配置。而为了把有限的资源集中于保证重工业和军工业发展，轻工业和农业就被摆在了次要位置，甚至不惜牺牲农业来保证工业的发展，特别是重工业和军事工业发展。这显然是迫于备战的需要而不得已为之。因此说，险恶的国际环境是促成苏联社会主义模式形成的重要外部条件。

其次，从历史文化传统看，苏联社会主义模式是在沙俄的政治经济文化传统基础上形成的。俄国地跨欧亚，处于东西方文明之间，原来是军事封建帝国主义，经过俄国农奴制改革以后，资本主义虽有一定程度的发展，但一直是欧洲最落后的资本主义国家之一。小农占人口的大多数，商品经济发展不充分，国家在经济中起着决定性作用，惯于用行政手段管理经济；没有民主法制的传统，长期实行高度集权君主专制统治，而民主多流于口头和形式上。也就是说，苏联是在小农占优势的社会里和封建专制主义国家的基础上建设社会主义的。旧的历史和文化传统以这样或那样的形式对人们的价值取向和心理偏好产生影响，从而使苏联模式不可避免地带有浓厚的俄国历史和文化传统色彩。

再次，从斯大林本人个性品格看，苏联社会主义模式是由斯大林主持创建的，带有明显的斯大林个人色彩。斯大林是布尔什维克党的重要领导人，在长期的革命斗争和社会主义建设实践中，为党和国家做出了卓越贡献。1924 年列宁去世后，斯大林成了党和国家的最高领导人，他的理论观点和个人的思想作风，无疑会对苏联社会主义建设模式的形成产生十分重要的直接影响。比如，在列宁去世后，在党内围绕“新经济政策”的争论中，他最终战胜布哈林，这对于他实现由“新经济政策”向高度集中的计划经济体制起了关键性的作用；他关于一国可以建成社会主义的理论，为苏联在帝国主义包围下坚持建设社会主义提供了理论依据。当然，由于认识水平的限制，他在坚持和运用科学社会主义理论的时候，对马克思主义创始人一些观点的教条化、绝对化、片面化的理解，也不可避免地对苏联模式的形成产生理论上的误导。譬如，斯大林片面强调社会主义经济的计划性，用指令性计划包揽一切，排斥市场、商品和货币，否定价值规律；试图建立纯粹的社会主义公有制经济，不顾客观条件，急于变革生产关系；片面理解马克思无产阶级专政理论，强调国家专政职能，忽视民主建设的内容；把无产阶级先锋队管理国家的思想，片面理解为党包揽一切等等。苏联社会主义模式的形成，同斯大林对马克思主义和科学社会主义的认识有直接关系。

最后，从社会主义建设历史看，社会主义在苏联建立和发展，是一个全新的开创性的事业，没有什么样板可以仿照，没有先例可资借鉴，只有马克思、恩格斯对未来社会主义的预测作为理论依据，因此，如何实现社会主义就带有创业性和实验性，既然如此，在解决新矛盾、新问题中，不免会出现一些偏差和失误。

（三）斯大林—苏联社会主义模式的历史评说

斯大林—苏联社会主义模式是在一个特殊的国度、特殊的历史时期形成的社会主义建设模式，也是人类在探索社会主义建设道路过程中形成的第一个社会主义模式。这种社会主义模式如同硬币的两面：既有巨大的历史功绩，又有历史局限和消极影响。我们对它应该给予客观、公正、辩证、历史的评价。

1. 对斯大林—苏联社会主义模式要有一个实事求是的评价

20 世纪有两件大事令世人为之震撼，一件是 1917 年列宁领导的俄国十月革命取得了伟大胜利，建立起第一个社会主义国家，开创了人类社会发展的新纪元。另一件大事就是发生在 20 世纪 80 年代末 90 年代初的东欧剧变、苏联解体，世界政治版图上的一大片红色区域消失，世界社会主义运动遭受严重挫折。对此，有人弹冠相庆，认为共产主义已经灭亡，资本主义将一统天下；但更多人为之扼腕叹息，为什么苏联，一个由列宁亲手缔造的、由斯大林誓死捍卫的、为世界反法西斯战争和社会主义运动做出巨大贡献的、曾经强大的社会主义苏联，在经历了半个世纪的历史风雨之后竟轰然倒下？于是乎，人们纷纷著书立说，探求其中原因。苏联演变也因此被称为社会主义的“百慕大”、20 世纪的“历史之谜”。特别是近年来学术界对苏联演变的原因分析可谓众说纷纭。不同的人从不同的立场、不同的角度，得出了不同的结论。有代表性的主要有“葬送说”、“上层自决说”、“经济根源说”、“斯大林模式说”、“意识形态说”、“民族矛盾说”、“和平演变说”、“历史合力说”等十余种。这些学说从不同角度和立场阐发各自的认识，都不乏真知灼见。其中，“葬送说”认为，戈尔巴乔夫改革是导致苏联演变的主要原因，是他葬送了苏联社会主义事业；美国学者大卫·科兹的“上层自决说”认为，苏联演变的真正原因来自苏共内部，是以戈尔巴乔夫为首的改革发起者主要代表的苏联政党上层官僚的利益，他们在对改革发展方向进行讨论时，放弃了当初宣布的、受到人民支持的目标，采取了改变社会制度的方针，把苏联引向了资本主义；“和平演变说”认为，苏联演变的主要原因是西方推行“和平演变”战略的结果。第二次世界大战后，以美国为首的西方国家为使苏联“和平演变”，投入了大量人力、物力和财力，设置了各种机构和设施，使用公开的和秘密的、合法的非法的各种手段，处心积虑地促使苏联演变；“斯大林模式说”认为，苏联演变的原因是由于实行“斯大林模式”的结果，苏联高度集中的政治经济体制窒息了社会主义的生机和活力，到20世纪70年代末80年代初，这种模式的潜力已经发展到顶点，面临着全面的危机，可以断定，如果没有戈尔巴乔夫的“改革”，苏联也许会存在更长一段时间，但那样模式的社会主义的失败却是不可避免的。[①] 总之，苏联解体原因错综复杂，它经历了半个多世纪的历史风云变幻，是历史合力作用的结果。

当初，面对东欧剧变、苏联解体，人们得出两种截然不同的结论。一种观点认为，东欧剧变和苏联解体，这是资本主义对社会主义的胜利，从此，社会主义将在世界上消失。另一种观点认为，马克思科学社会主义是不会在世界上消失的。科学社会主义吸取东欧剧变和苏联解体的教训后，将会更加发展。这后者观点的代表就是中国改革开放的总设计师邓小平，他坚信：世界上赞成马克思主义的人会多起来，因为马克思主义是科学。20年过去了，历史确实像这个世纪老人预言的那样，第一个社会主义大国苏联覆没了。另一个社会主义大国中国开始崛起了。前者覆没举世震惊，后者崛起也举世瞩目。为什么两个社会主义大国的命运如此不同，这其中的原因说不完、道不尽，在这里，笔者只想着重谈一下斯大林—苏联社会主义模式与苏联兴亡的辩证关系。实际上，这就涉及如何看待斯大林—苏联社会主义模式历史地位以及对斯大林—苏联社会主义

---

① 刘献：《十年来关于苏联演变原因的述评》，载《北京日报》2002年6月10日。

模式的历史功过应当作出如何的评价。

斯大林与斯大林—苏联社会主义模式是研究苏联历史必须面对的问题，斯大林是一位对苏联国家发展做出重要贡献的领袖还是一个杀人“恶魔”？他所确立的苏联社会主义模式是造就了一个强大的社会主义国家，还是这种模式的社会主义制度本身成为苏联解体的根源？苏联领导人在苏联解体前，在“民主化”、“公开化”的倡导下，对于斯大林的“揭露”似乎是在“还原”历史的真相，而事实上多是从反面引导公众舆论，进而否定斯大林和斯大林模式。但在经历了国家分裂、民主分离、经济震荡、地缘政治失败后，俄罗斯人民重新审视历史，对斯大林的贡献给予理性思考与客观评价；愈来愈多的俄罗斯学者肯定，斯大林时代是苏联历史上的辉煌时期，社会主义工业化建设壮大了苏维埃甚至社会主义阵线的力量，而苏联人民在社会主义建设时期表现出来的爱国主义热情，以及他们在建设社会主义国家的劳动中的献身精神则永远是俄罗斯人民的精神财富。[①] 革命领袖是人不是神，尽管他们拥有很高的理论水平、丰富的斗争经验、卓越的领导才能，但这并不意味着他们不犯错误，他们的认识和行动由于受历史时代条件的限制，必然犯这样或那样的错误。不能因为他们伟大就把他们像神一样顶礼膜拜，不容许指出纠正他们的失误或错误；也不能因为他们有失误或错误就全盘否定，抹杀他们的历史功绩，陷入历史虚无主义的泥潭。

历史是一面镜子，我们总结和吸取历史的经验教训，目的是以史为鉴，更好地向前发展 。36 年前，我们党和国家面临向何处去的重大历史关头，能否实事求是地、科学地评价毛泽东同志和毛泽东思想，是关系到我国社会主义的生死存亡的重大政治问题，关系到中国共产党能否开辟出一条有中国特色的社会主义现代化建设道

① 李慎明主编：《历史的风——俄罗斯学者论苏联解体和对苏联历史的评价》，人民出版社 2009 年版。

路的这一带有根本性的理论原则问题。在邓小平同志的领导下，我们党解决了正确评价毛泽东同志和毛泽东思想的历史地位问题，根据新的实际和历史经验，作出了把党和国家的工作重点转移到以经济建设为中心的社会主义现代化建设的正确轨道上来，坚持四项基本原则，实行改革开放，实现了新中国成立以来我党历史上具有深远意义的伟大转折，成功开辟出一条中国特色的社会主义道路。

道路决定命运，找到一条正确的道路是多么不容易。中国特色社会主义道路不是从天上掉下来的，是中国共产党和人民历尽千辛万苦、付出各种代价取得的根本成就。

而反观苏联历史，苏联共产党在对待斯大林和“斯大林模式”这样一些事关苏联社会主义前途命运的重大历史问题时，是否做到客观、公正、历史、辩证呢？苏东剧变，原因很多，但是不可否认，苏东剧变与苏联共产党和前东欧各国党不能实事求是地评价斯大林和“斯大林模式”有很大的关系。它们从照搬照抄苏联模式、大搞个人迷信的“左”的极端，跑到全盘否定斯大林和苏联模式的右的极端，进而走上否定马克思列宁主义，否定苏联、东欧的社会主义历史和现实的道路，教训是非常深刻的。它从反面告诉我们，能否实事求是地评价斯大林与“斯大林模式”，其意义重大，它关系到社会主义的生死存亡。

历史就是历史，历史不能任意选择，更不能妄加歪曲和篡改，它是由人民书写的。一个民族的历史是一个民族安身立命的基础。无论出现什么样的苦难和困难，不论发生过什么样的波折和曲折，都要勇敢地去面对、辩证地去正视。正如习近平总书记《在纪念毛泽东同志诞辰120周年座谈会上的讲话》中指出的那样：“对历史人物的评价，应该放在其所处时代和社会的历史条件下去分析，不能离开对历史条件、历史过程的全面认识和对历史规律的科学把握，不能忽略历史必然性和历史偶然性的关系。不能把历史顺境的成功简单归功于个人，也不能把历史逆境中的挫折简单归咎于个人。不能用今天的时代条件、发展水平、认识水平去衡量和要求前人，不能苛求前人干出只有后人才能干出的业绩来。”习近平总书记的这段讲话精神为我们实事求是地评价历史人物和历史事件确立了科学的立场、观点、方法，为我们实事求是地评价斯大林—苏联社会主义模式提供了科学的方法论指导。历史地看，我们对斯大林—苏联社会主义模式，既不能全盘肯定，也不能全盘否定；对待斯大林，既不能个人迷信，也不能彻底否定。我们既要充分认识到斯大林—苏联社会主义模式在科学社会主义发展史上所立下的丰功伟绩，又要具体分析这一模式的历史局限性以及由此带来的失误、错误和教训。成功也好，失败也罢，它们都是国际共产主义运动发展史上的宝贵财富。

2. 斯大林—苏联社会主义模式的历史功绩是永远不可磨灭的

斯大林—苏联社会主义模式是在一个特殊的国度、特殊的历史条件下形成的社会主义建设模式，这种高度集中的社会主义建设模式，在苏联乃至世界社会主义的发展史上曾发挥过巨大的作用，其历史功绩是不可磨灭的。其主要表现在如下几方面。

第一，通过这种模式，苏联社会主义工业化取得了巨大成就，初步显示了社会主义计划经济体制的优势。苏联走向资本主义道路晚于西方，同西方发达国家相比，生产力水平低，经济技术落后，是小农经济占优势的落后农业国，而且，当它开始社会主义建设时，又面临国际资本主义重重包围和帝国主义战争不断威胁。斯大林认为，苏联比西方国家落后了50—100年，我们必须在10年内走完这一段过程，否则，落后者就要挨打。因此苏联必须超常规地发展。斯大林采取了优先发展重工业，力求国民经济高速增长的发展战略。斯大林运用高度集中的国家权力，高度动员、集中配置有限的国家资源，以加速国家工业化特别是重工业化的实现。实践证明，高度集权的苏联模式是一种行之有效的工业化模式，苏联仅用两个五年计划，工业总产值就超过了英、法、德等欧洲主要资本主义国家，跃居欧洲第一位，世界第二位，仅次于美国。发展速度之快，令人称奇。正如我国著名经济学家刘国光所说，在社会资源条件有限、社会发展目标集中且一元化（即工业化）、社会发展任务紧迫等条件下，运用高度集权的模式，依据国家发展的要求，有针对性地集中配置有限的资源，能保证在短期内取得比较突出的成功，达到国家既定的目标。与苏联工业化取得的惊人成就形成鲜明对比的是，世界性的资本主义经济危机造成了世界经济的普遍衰退。美国作家威廉·曼彻斯特在他的《光荣与梦想》一书中曾有这样一段记载：30年代初的大危机时期，美国的失业工人无路可走，苏联驻美国的贸易公司平均每天收到350份申请书，要求移居苏联。① 这就从一个侧面证明了苏联社会主义制度模式在发展经济方面的优势。

第二，通过这种模式的战时高效，有力保证苏联卫国战争和世界反法西斯战争的胜利，体现出社会主义制度的强大生命力。通过这种模式，苏联迅速地实现了国家工业化和农业集体化，完成了经济结构的调整，建立起了独立的工业体系和国民经济体系，使苏联由落后的农业国变为先进的工业国。特别是斯大林通过这种模式，苏联在社会主义工业化时期迅速建立和发展起来以重工业为经济基础的巨大军事实力，为苏联卫国战争和世界反法西斯战争的胜利奠定了雄厚的物质基础。英国历史学家伊恩·格雷在评论斯大林的这一历史功绩时说："如果没有他的工业化运动，特别是没有在伏尔加河以东高速度地发展工业，这次胜利是不可能赢得的，集体化对这次胜利作出了贡献，它使政府得以储备粮食和原料，防止了工业的瘫痪和城市的饥荒。集体化因设立了拖拉机站，也使农民首次获得使用拖拉机和其他机械的训练。集体化耕作成了农民进行机械化的预科学校。"同时，苏联模式战时高效的动员能力和组织效率，强大的军事生产的恢复能力以及人民的爱国主义和英雄主义精神，保证了反法西斯战争的最后胜利。美国作家安娜·路易斯·斯特朗曾这样评价斯大林，他说："一个领导人不但必须觉察到人民的意

① 黄苇町：《苏共亡党十年祭》（修订本），江西高校出版社2004年版，第58页。

志，而且应当把它转化为行动。无论在一个人或一个民族身上，意志都不是静止不动的。它可能被抑制而变成失望，也可能被鼓舞而去完成伟大的业绩。斯大林唤醒和解放人们的意志的能力达到了天才的高度。"①

因此，2002 年普京总统在接受波兰记者采访时评价斯大林说："正是在他的领导下才取得了伟大的卫国战争的胜利，这一胜利在很大程度上与他的名字相联系。忽视这一点是愚蠢的。"②

第三，这一模式坚持了科学社会主义的基本原理，并在实践中丰富发展了科学社会主义理论。斯大林—苏联社会主义模式是世界上第一个社会主义模式。它既是在资本主义包围的特殊历史条件下苏联一国建成社会主义的具体探索，又是在生产力不发达条件下苏联借助准军事手段而形成的社会主义建设的一种初创模式。它必然有这样或那样的弊端，但它在本质上是社会主义的性质，因为这一模式的决定性因素是它赖以形成的生产资料公有制及其公有制基础上所形成的社会经济关系和政治关系。在其形成发展过程中，尽管它有这样或那样的弊端，有教条主义的倾向和不科学的因素，但是其主流和基本方面始终坚持科学社会主义的基本精神，并在实践中丰富发展了科学社会主义理论。譬如，在经济制度上，基本上消灭了剥削制度和剥削阶级，实现生产资料的社会主义公有制和按劳分配；在政治上，实行苏维埃式的无产阶级专政，在由资本主义向社会主义过渡时期结束，进入社会主义阶段仍然坚持无产阶级专政；在思想文化方面，坚持以马克思主义为指导的思想文化建设，以及执政党建设方面理论等，都创造性地丰富发展了科学社会主义理论。

第四，这一模式推动了世界社会主义运动的发展，为战后国际经济政治秩序的确立和稳定发展作出了贡献。苏联模式所带来的快

---

① ［美］安娜·路易斯·斯特朗：《斯大林时代》，世界知识出版社 1979 年版，第 20 页。

② 转引自吴恩远《俄罗斯重新评价斯大林》，载《世界社会主义研究动态》2003 年第 11 期。

速发展成就以及在世界反法西斯战争中的历史性贡献，鼓舞了战后世界民族民主运动的发展。在苏联模式的示范影响和苏联政府的帮助下，战后一批国家先后走上了社会主义道路，形成了在一定时期内同资本主义阵营相抗衡的社会主义阵营。第二次世界大战后，社会主义国家的存在与发展是制止和战胜帝国主义侵略战争、保卫世界和平的强大力量和中流砥柱。第二次世界大战结束后的近半个世纪，之所以没有发生新的世界大战，和平与发展成为时代的主题，决定性的因素是社会主义力量的发展和影响。

总之，斯大林的社会主义建设模式，总体上适应了苏联当时面临的严峻政治、经济形势，有力地促进了国家总体战略目标的实现；它不仅改变了俄国历史发展的进程，而且对世界历史发展也产生了深远影响。鉴于苏联模式所取得的成就，美国作家安娜·路易斯·斯特朗曾这样写道，斯大林“从 1928 年开始单独在一个国家里，在一个为敌人的世界所包围的经济技术落后的农民国家里，开始建设社会主义。当他开始的时候，俄国是一个农业和文盲的国家；当他结束的时候，俄国已经成为世界上第二个工业强国。他两度这样建设了俄国：一次在希特勒入侵之前，再一次是在战争的废墟上。这要永远归功于他。他是这项宏伟工程的工程师”。当然，“这是历史上一个翻天覆地、生气勃勃的伟大时代，也许是最伟大的时代。他不仅改变了俄国的生活，而且也改变了全世界的生活。他产生了千百万英雄，也产生了某些恶魔。比较渺小的人今天可以回顾时代并且列举出他的罪恶。但是，那些在战争中生活过来的人，甚至许多因斗争而死去的人，却曾经忍受了祸害，因为这是建设的一部分代价”①。原联邦德国的《世界报》在 20 世纪 60 年代也曾刊文指出：“西方几乎花了二百年的时光才做到的事情……在俄国几十年不长的时间里用残酷的办法、坚定的意志实现了，总而

① ［美］安娜·路易斯·斯特朗：《斯大林时代》，世界知识出版社 1979 年版，第 176、2 页。

言之，这是现代史中的最伟大的经济和社会改革。”[①] 应该说，这些评价是符合历史事实的，也是公正的。

3. 对斯大林—苏联社会主义模式的历史负面影响必须有清醒认识

虽然，斯大林—苏联社会主义模式在20世纪30年代取得了巨大的成就，但也付出了沉重的代价。这个模式从一经形成就带有极大的历史局限性，存在着多方面的弊端，特别是第二次世界大战后，随着社会主义从一国到多国的发展，这种由苏联扩展到其他国家的单一社会主义模式的弊端充分暴露出来，产生了严重的负面影响。

首先，在经济上的弊端集中表现为违背了经济社会发展的客观规律。其一，片面强调公有化程度，阻碍了生产力发展。斯大林时期不顾苏联经济文化相对落后的实际，过早地结束了“新经济政策”，采取急于消灭城乡资本主义的措施，用极端的方式实现了国家工业化和农业集体化；在通过国家工业化和农业集体化建立起全民所有制和集体所有制两种形式后，又急于向单一的社会主义全民所有制转变。结果使生产关系超越了生产力发展水平，阻碍了生产力发展。其二，片面强调优先发展重工业战略，使国民经济发展比例严重失调，人民群众的物质文化生活水平长期得不到应有的提高。其三，高度集中的计划经济体制严重窒息了社会主义经济的活力。苏联实行高度集中的计划经济管理体制，把宏观经济和微观经济的决策权全部集中于中央，国家计划都是指令性，具有法律效力，排斥市场机制，否认市场在配置资源中的基础作用，单纯依靠计划、行政手段管理经济，组织经济生活，结果是无法按照生产力发展的自身要求，难以确保经济高速而持续的发展，这在第二次世界大战以后的相对和平发展时期尤为明显。特别是晚年的斯大林日益脱离实际，墨守成规，看不到时代发展的新变化和原有体制的严

① ［苏］罗·亚·麦德维杰夫著，赵徇、林英译：《让历史来审判》，人民出版社1981年版，第955页。

重弊端，不仅没有作必要的改革，反而进一步强化了原有的经济体制。不仅如此，斯大林还将这一模式作为“唯一模式”或“样板”加以“推广”到其他社会主义国家，因此阻碍了这些国家对适合本国发展的社会主义模式的探索。后来社会主义在这些国家受挫与此有很大的关系。

其次，在政治上的主要弊端是高度集权、缺乏民主和有效监督，造成绝对的权力。由于权力高度集中，使民主集中制和集体领导的原则难以贯彻，容易导致个人专断和个人崇拜，使个人有可能凌驾于国家和法律之上，对社会主义民主法治建设极为不利。这种体制难以调动广大人民群众参与国家管理的积极性，往往导致整个社会管理的行政化和官僚化，官僚主义严重，办事效率低下。

最后，在思想文化领域的主要弊端是由官方的全面控制和完全行政化的管理导致教条主义盛行，对学术问题横加行政干预等问题，极大地妨碍了社会主义科学文化教育事业的健康发展。

综上所述，对于斯大林—苏联社会主义模式，我们必须作具体的分析，历史的评价。我们既要看到苏联模式中坚持社会主义基本制度、反映社会主义普遍规律的共性的一面，又要看到社会主义在苏联具体实践的特殊性的一面。一方面，作为社会主义探索实践的首个模式，尽管它有许多不完善的地方，但它毕竟使社会主义制度在相当大程度上显示出巨大的优越性，表现出强大的生命力，这恰是遵循社会主义本质规律的结果，对于社会主义基本制度我们必须矢志不渝地坚持；至于在具体体制机制方面的缺陷弊端，虽然会阻碍社会主义优越性的更好发挥，但我们可以而且能够通过改革加以解决。另一方面，作为特殊历史时期的产物，苏联模式却不是必须长期坚持、固定不变的模式，它从一开始就打上了既定历史条件的烙印，一定程度上存在缺陷和弊端，而且这些缺陷和弊端还会随着时代的发展，社会实践的深入日益凸显出来，不过这些缺陷和弊端往往是体制机制方面的，是属于基本制度的实现形式问题，而不是关乎社会根本制度方面的弊端和缺陷，对此，我们需要根据不断变化了的时代与实践，不断进行改革创新，在坚持社会主义基本制度的前提下，不断完善体制机制，构建社会主义建设新模式，使社会主义的实现形式最大限度地促进生产力的发展，最大限度地体现社会主义制度的优越性。

四　挫折与启示——吸取苏东剧变教训，发展科学社会主义

20世纪的社会主义运动，经历了凯歌行进和艰难探索两个历史时期。第二次世界大战后，欧洲、亚洲和拉丁美洲一些国家纷纷走上了社会主义道路，马克思主义在世界范围内得到了广泛传播和发展。然而，由于传统社会主义模式的弊端日益暴露，特别是没能跟上世界科技革命和全球化的浪潮，社会主义国家与西方发达资本主义国家的差距逐步拉大。苏联和东欧各国针对日益暴露出来的弊端相继进行了改革，取得了一定成就，但由于没有从根本上触动传统社会主义模式的基本框架，特别是到了80年代末90年代初，苏联东欧国家改革的指导思想发生根本性变化，由“改革”变为“改向”，最终导致剧变解体。苏联东欧剧变解体使国际社会主义运动遭受巨大挫折而陷入低潮，马克思主义受到极大冲击。但是，这一剧变不会改变社会主义终将取代资本主义这一历史发展的客观规律，世界社会主义运动在吸取经验教训之后，必将有新的认识、新的启示，必将重新走上发展复兴之路。可喜的是，中国等社会主义国家在坚持社会主义基本原则的基础上进行改革开放，取得了巨大成就，使得科学社会主义旗帜在世界上空高高飘扬，并产生愈来愈大的影响。

（一）苏联东欧社会主义国家改革的兴起

1. 苏联东欧社会主义国家改革兴起原因

任何社会制度建立以后都不是完美无缺的，都要通过改革来进

行不断完善和发展，社会主义制度也是如此。从20世纪50年代中期开始，苏联和一些东欧社会主义国家针对经济社会发展中出现的问题，相继开始进行体制上的尝试性改革。改革从一国到多国，从局部到全局整体，从被动到主动，从一般探索到逐步深化。

从苏联国家情况看，改革是由内外因相互作用促成的。其内因是传统模式的僵化体制束缚着苏联经济社会的快速发展；其外因就是西方发达国家经济社会的快速发展给苏联带来的严峻挑战，造成的巨大压力。第二次世界大战结束后，医治战争的创伤，恢复国民经济成为苏联的当务之急。怎样恢复国民经济？是继续推行高度集权的管理模式，还是顺应世界科技革命和全球化的浪潮进行改革，这是苏联面临的一次重大选择。特定历史条件下形成的传统模式的惯性，加之"冷战"的展开导致东西方的对抗，使斯大林继续坚持走20世纪30年代的老路，沿用并强化高度集中的模式。而与此同时，西方资本主义国家开始进行不断地调整，加大国家对经济和社会生活的干预，逐步完善经济和社会管理体制，进一步完善健全社会福利机制，缓和了阶级矛盾，加上资本主义国家积极利用第三次科技革命的进步成果，使西方发达国家的劳动生产率大大提高，社会生产力获得迅速发展。西方发达资本主义国家对现实社会主义形成的挑战，实际上是第三次科技革命对现实社会主义的挑战。应该看到，社会主义原有的高度集中统一的经济、政治体制与第二次科技革命是适应的，但与第三次科技革命是不适应的。作为社会主义国家，只有通过改革经济体制、政治体制，只有坚持对外开放，积极加入世界经济体系，不断吸纳新的科技成果，才能进一步发展本国的社会生产力，进而体现社会主义的优越性。所以，改革是发展完善社会主义的必由之路，是迎接新技术革命挑战的必然要求。

从东欧国家的情况看，改革的动因主要有两个：一是要改变高度集权的体制，促进经济社会的发展；二是要突破苏联模式的束缚，摆脱苏联大党大国主义控制，努力探索适合本国国情的社会主义发展道路，争取独立自主的发展权利。第二次世界大战后，为了应对“冷战”局势，苏联开始加强对东欧各国的控制，强化东欧同苏联在各方面的一致性，并在东欧各国推行苏联模式。到20世纪50年代初，东欧各国基本上确立了苏联模式的政治经济体制。苏联对东欧国家的长期控制，不仅使东欧国家失去了应有的独立性，而且也深深伤害了东欧国家人民的民族感情。对东欧国家来说，实行改革在很大程度上是为了摆脱苏联控制。换言之，东欧各国的改革，始终交织着争取民族自主权利和要求突破苏联模式这两股潮流。正是在这两股潮流的冲击下，体制的变革与摆脱外来控制所引发的矛盾，成为东欧国家改革进程中一系列重大事件的动因和内在根源。

2. 苏联改革的艰难探索

苏联的改革是从赫鲁晓夫开始的。赫鲁晓夫面对当时苏联国内亟须解决的紧迫问题，在坚持社会主义的前提下，对苏联的政治、经济体制进行了调整和改革。赫鲁晓夫对苏联政治体制的改革首先揭露和批判斯大林的个人崇拜，这对于破除迷信、解放思想起了一定的作用。但赫鲁晓夫在“秘密报告”中把苏联社会主义发展中的各种问题、产生的各种失误都归咎于斯大林的个人品质，并对斯大林的历史作用采取全盘否定的态度，又造成苏联共产党和人民乃至世界社会主义运动的思想混乱。在深入批判个人崇拜时，赫鲁晓夫还着手对政治和经济体制进行了改革。其主要内容有：第一，平反冤假错案，健全社会主义法制；第二，改革党的领导和组织体制，加强集体领导；第三，改革干部制度，废除领导职务终身制；第四，关注农业改革，鼓励发展农业；第五，简政放权，改革工业和建筑业的管理体制。赫鲁晓夫的政治和经济体制改革，触及了传统体制的一些弊端，适应了社会发展的需要，也取得了一些积极成果。但从总体上看，他并没有从根本上改变传统体制弊端，在他执政的后期，改革的矛盾日益突出。由于缺乏必要的思想和组织准备，某些做法简单轻率，改革没能取得预期效果。

勃列日涅夫执政时期是苏联发展的一个重要时期。他强调继续坚持赫鲁晓夫路线，同时纠正了由于赫鲁晓夫的错误所造成的混乱，保持了国内政局和高层领导的稳定，维护了社会稳定。勃列日涅夫在维护原有体制的优先发展重工业和军事工业的前提下，对某些具体的经济制度进行了调整，采取了一系列发展农业的措施，逐步形成了高速度发展军事工业和重工业，增强同美国争夺世界霸权的经济和军事实力，把发展农业提高到战略高度，改善了人民生活，被称之为以“黄油加导弹”为目标的新经济发展战略，使苏联国民经济得到了持续发展，国力增强，成为世界上又一超级大国。不过，在其执政的后期，存在的体制问题逐渐严重。虽然推行了新经济体制，但基本上没有改变传统的经济体制；在政治体制上基本回复到斯大林时期；和美国搞军备竞赛，耗费了苏联大量的人力、物力和财力，制约了经济发展和人民生活水平的提高，使 20 世纪 80 年代初期的苏联经济陷入了停滞状态。

在勃列日涅夫之后，苏联经历了安德罗波夫和契尔年科的短暂过渡。1985 年 3 月 11 日戈尔巴乔夫出任苏共中央总书记。随即在苏联开始了大规模的改革浪潮，戈氏的改革发生过几次重大变化，大体经历了三个阶段。

第一阶段，从戈尔巴乔夫执政到 1988 年 6 月，是苏联提出和实施“加速战略”，推行经济政治改革时期。1985 年 4 月戈尔巴乔夫在苏共中央全会上，提出“加速社会经济发展”的战略方针。1986 年 3 月，苏共第二十七次代表大会制定了《苏联 1986 年至 2000 年社会经济发展战略总方针》，决定进行经济政治改革，并强调“改革在党的领导下进行”，实现“有计划地全面完善社会主义”的任务。“加速战略”是戈尔巴乔夫改革的第一个重大步骤。苏共二十七大制定加速发展战略，就是要以国民收入年均增长 4.7% 的速度，到 2000 年达到：国民收入、工业总产值在 1985 年基础上翻一番，劳动生产率提高 1.3—1.5 倍，居民实际收入增长 80% 等目标。然而，改革的头三年，由于重点是增长速度，投资仍侧重于重工业，使得比例失调的经济结构更加不合理。由于缺乏有效的竞争机制和约束机制，许多企业停止生产利润少的日用消费品，许多企业在利润没有增加的情况下，不断增加工资和奖金，使居民收入的增加连年高于劳动生产率的增长。结果国民收入增长率下降，1981—1985 年年均增长 3.2%，1986—1988 年下降为 2.8%，改革受挫。

第二阶段，从 1988 年 6 月到 1989 年年底。改革的重点由经济体制转向政治体制，改革的指导思想、目标和任务，由“完善的社会主义”转向“改革我们的社会大厦，从经济基础到上层建筑”。改革开始背离社会主义方向，政策发生了重大转变。第一，全面否定苏联的历史和社会主义体制，为推行现行政策服务。在苏共第十九次代表会议上，戈尔巴乔夫把“加速战略”失败的原因归咎于政治体制。认为苏共领导的政治体制“几十年来主要是执行强制命令和指示。……独断专行……唯意志论和主观主义……践踏社会主义生活方式准则”，从此揭开了官方全面“清理”历史的序幕，逐步发展为全面否定历史成就。第二，苏共第十九次代表大会决定，“改造国家的最高权力”改革选举制度。改革后苏共只能“通过在国家机关和经济机关、社会组织和劳动集体中工作的共产党员来贯彻自己的政治方针”。修改了宪法，确定建立苏联人民代表大会作为国家最高权力机构，选举制度的改革强调直接、普遍的选举制。第三，在苏共第十九次代表会议上，戈尔巴乔夫提出了“人道的、民主的社会主义”概念。强调要“允许舆论多元化”的存在，并要大力支持“代表多种多样社会利益的社会团体”。1988 年 1 月 8 日，戈尔巴乔夫提出“我们主张毫无保留、毫无限制的公开性”之后，十九次代表会议又专门通过了《关于公开性的决议》。在“民主化”、“多元化”、“公开性”旗号下，党内有组织的反对派和形形色色的组织开始迅速抬头。实施政治体制改革以后，苏联的政治经济形势并未好转，反而严重恶化，国际上 1989 年东欧又发生了剧变，在这种情况下，戈尔巴乔夫的国内政策又发生了新的变化。

第三阶段，从1990年开始，加紧实行“人道的民主的社会主义”、多党制、三权分立和总统制，以及在多种所有制基础上向市场经济过渡。具体说来，1990年苏共中央2月全会和7月召开的苏共二十八大，讨论通过了苏共的纲领性声明《走向人道的民主的社会主义》和新党章，提出了“对党进行深入的改革”的任务。实际上是使苏共放弃执政地位，向社会民主党和议会党方向转变。在政治体制方面，苏共中央在1990年苏共中央2月全会上，戈尔巴乔夫正式提出修改宪法，承认多党制，实行三权分立制度和总统制。3月召开了第三次苏联非常人民代表大会。在会上根据苏共中央的建议，修改了苏联宪法第6条。取消了“苏共是苏联社会的领导力量和指导力量，是苏联政策体制以及一切国家机关和社会团体的核心”的条文。根据会议通过的《关于设立总统职务和苏联宪法（基本法）修改和补充法》，会议选举戈尔巴乔夫为苏联第一任总统。在经济体制方面，提出由计划经济向市场经济过渡。1990年9月最高苏维埃会议明确提出向市场经济过渡。在国家体制方面，决定通过签订新联盟条约，从中央集权的单一制向主权国家联盟过渡。1990年12月苏联第四次人民代表大会批准了新联盟条约（草案）的总构想。戈尔巴乔夫的对外政策是以新思维为基础，以服从国内政策需要为出发点的。新思维的核心是“全人类的利益高于一切”，认为今天人类就应该对话、裁军、友好、合作、和平竞赛。不过，戈尔巴乔夫推行的这些改革，不仅没有解决原有的矛盾和问题，而且产生了新的矛盾和问题，致使苏联在20世纪80年代末陷入了全面危机之中。

总之，戈尔巴乔夫执政的7年，是苏联改革—演变—解体的过程。也就是说，在他执政初期倡导过改革，是为了完善社会主义作过努力的。后来，他逐渐背离了社会主义方向，推行所谓“人道的、民主的社会主义”，导致了社会主义苏联的解体。苏联解体的过程也是戈尔巴乔夫“人道的、民主的社会主义”思想路线形成、实施直至破产的过程。

3. 东欧社会主义国家的改革浪潮

东欧国家在建国之初，曾实行符合本国国情的人民民主制度，在政治上维持多党的议会民主制，扩大反法西斯的爱国统一战线，逐步加强共产党的领导地位；在经济上实行多种经济成分并存，逐步实现工业国有化和农业合作化。这无疑是符合国情的。但第二次世界大战后，由于受苏联的影响，这些国家都几乎照搬了苏联高度集权的社会主义建设模式。这种体制，在恢复发展东欧各国的经济中曾起过一定的积极作用。但从长远看，这种高度集权的政治经济体制不符合东欧各国的国情。改革势在必行，从 20 世纪 50 年代起，改革的浪潮逐步在东欧兴起。

东欧国家的改革首先是从南斯拉夫开始的。南斯拉夫的经济体制改革从一开始就提出了“工人自治”的口号，建立了工人委员会。所有国有企业都开始实行工人自治，各企业有权自主经营、自负盈亏。后来自治扩大到国家机关、社会事业单位和社会自治。在政治体制方面，改革的基本目标是要使工人阶级和全体劳动者真正地掌握管理国家和一切社会事务的权利。为此，南斯拉夫进行了几方面改革：首先，南共联盟摈弃过去那种执政意识，通过发挥思想上、政治上的引导作用，引导广大劳动者日益广泛地、直接地行使权利和管理社会事务；其次，加强各民族的平等地位和实行分权化，建立社会主义自治联邦制；再次，实行代表团议会制，目的是能根据基层选举单位公民的共同立场作出决定；最后，不断完善和加强社会主义法制。通过这样的改革，南斯拉夫逐渐摸索出一套比较完整的适合南斯拉夫国情的社会主义自治制度模式。由于南斯拉夫的这些改革政策与斯大林政策模式不一致，斯大林将南斯拉夫共产党开除出欧洲共产党和工人党情报局，并对其进行经济封锁。南斯拉夫进行的这种体制改革，虽有过度分散的缺陷，但对苏联模式产生了很大冲击。在南斯拉夫的影响下，波兰和匈牙利相继进行了改革尝试。

1956 年，赫鲁晓夫在苏共二十大的“秘密报告”在波兰引起强烈反响。6月28日，波兹南斯大林机车车辆厂的1.6万多名工人举行罢工和示威游行，要求减少税收和增加工资，当局出动警察进行镇压，酿成了“波兹南事件”。10月，当选波兰统一工人党第一书记的哥穆尔卡认为，波兹南工人走上街头“抗议反对的不是人民波兰，他们抗议反对的是对社会主义基本原则的歪曲”，提出“波兰要走波兰具体国情的社会主义道路”，于是，波兰开始对原有体制进行一些改革，这就是所谓的“十月的春天”。1957年，波兰国家经济委员会制定了《关于国民经济管理体制和计划体制改革提纲》，但是，波兰的改革是在原有体制内进行的局部性调整，没有触及其根本弊端，加上它没有始终如一地坚持发扬社会主义民主，后来又在“反对修正主义”的口号下，压制群众的改革要求。到20世纪60年代末，波兰出现了经济困难，于是政府提出通过提高物价的办法来摆脱危机，引起公众的强烈反对，继续改革还是找不到改革良策，国内罢工事件不断，为后来剧变埋下了隐患。

1956年，匈牙利人民要求克服个人崇拜，扩大社会主义民主，实行政治经济体制改革的呼声日益高涨。10月23日，布达佩斯10多万工人示威游行，当晚，发生暴力冲突。11月初，原匈牙利劳动党中央第一书记卡达尔·亚诺什等人组建了社会主义工人党，并组成了以卡达尔为首的匈牙利工农革命政府。应新政府的请求，苏军开入布达佩斯，暴乱很快平息。“匈牙利事件”后，卡达尔采取各种方式改革来缓和社会矛盾，改善人民生活。经济体制改革的主要内容包括：改变指令性计划为指导性计划，取消指令性计划指标；国家管理经济的方法从以行政方法为主变成以经济方法为主，充分运用税收、价格等经济杠杆；由中央统一调拨生产资料和分配产品改为生产资料和产品批发贸易制度；由过去产品的国家统一定价改为现在的三种价格形式，即固定价格、有限价格和自由价格。这种经济体制改革的实质在于使企业具有相对独立的商品生产者的地位，国家将经济管理的权力下放给企业，企业享有更大的自主权，也使企业的职工从物质上关心企业的效益。这样，国家、企业和个人三者利益都得到兼顾，实现了国家集权与企业分权的有机结合。与经济体制改革相适应，匈牙利党和政府对政治体制也进行了重大改革。匈牙利从20世纪60年代开始实行党政分工，规定党组织“不能取代经济机构的直接领导”；各政党的领导不再兼任政府行政职务；基层党组织只做思想工作，不干预生产和经营业务。另外，匈牙利还改革了选举制度，从1984年开始，在政府和议会中实行了差额选举。以指导性计划为特征的改革，促进了国民经济的发展。1968—1973年是匈牙利发展的黄金期，国民收入和工业年增长都在6%以上，出现了政局稳定、人民团结、社会安定的良好局面。但20世纪70年代中期，受国际市场影响，导致国内经济不景气。特别是20世纪80年代中后期，在民主社会主义的影响下，工人党对多党制、民主化以及1956年事件等一系列问题的看法未能统一，党面临分裂的危险。

捷克斯洛伐克改革的呼声逐渐高昂，命运是一波三折。1954年6月，捷共召开十大，积极对待管理体制中存在的弊端。1958年2月，捷共中央委员会通过了《关于实行管理、计划和财政新体制》和《提高国民经济管理体制的经济效益的原则》方案，主要是扩大企业和生产经济单位的自主权，缩小中央集中计划和分配的范围，减少工业管理层次，开始了第一次经济体制改革。这次改革取得了一定成效，但没有触动中央集权管理体制的基础，企业仍受一系列指令性计划指标束缚，价格结构仍是行政规定，并不反映成本和市场供求关系。而此时恰逢掀起批判以南斯拉夫为代表的“现代修正主义”高潮，捷共领导人不敢放手继续推行改革措施。1962年捷共十二大否定了这次改革，恢复到原来的经济管理体制。20世纪60年代初，由于工业连年未完成计划，农业发展水平低于战前，市场供应不足，引起了群众不满，相当部分的党政干部也深感忧虑，于是，一场得到全国人民支持的改革运动逐步形成。1966年5月，捷共中央公布了《关于加速实施新管理体制的原则》等文件，明确提出要尽快实行自由竞争价格，给企业自主权，中央计划主要在宏观方面指导，而不是指令性指标。1968 年 2 月，杜布切克出任捷共中央第一书记，掀起了被称为“布拉格之春”的全面改革运动。捷共中央全面提出政治、经济改革方案，决心走捷克斯洛伐克式的社会主义道路，主要内容包括：第一，经济管理部门和国家机关以及党的机关分开；第二，企业享有独立经营管理权；第三，企业经理由工人委员会任命；第四，发挥市场机制作用；第五，奉行独立的对外政策。这些改革政策得到国内各阶层的广泛支持和拥护，但在苏联看来，捷克斯洛伐克有脱离苏联控制的倾向，苏捷关系开始紧张，以致发生 1968 年 8 月 20 日苏联悍然率领华约五国军队武装入侵捷克斯洛伐克事件，使得本来给捷克斯洛伐克带来希望的“布拉格之春”改革中途夭折。从 70 年代起，捷克斯洛伐克经济发展走入困境。

总之，东欧国家的这些改革取得了一些成效，但都未能实现体制上的根本变革。也就是说，这些国家的改革始终没有形成明确的指导思想，难以跳出高度集中的计划经济模式框架。恶劣的“冷战”环境，加之苏联对东欧国家一直实行大党主义、大国主义，对其内部事务横加干预，严重制约了这些国家的改革进程。后来，由于受到戈尔巴乔夫错误改革路线的影响，这些国家的改革也演变为改向，最终滑向资本主义。

（二）苏联东欧社会主义国家剧变过程

苏东剧变，是指 20 世纪 80 年代末 90 年代初的东欧社会主义国家和苏联国家政局发生急剧改变。从 1989 年东欧社会主义国家波兰剧变开始，而后逐步席卷整个东欧，直至 1991 年年底苏联解体，大体经历了两年时间，东欧苏联原 9 个社会主义国家脱离社会主义轨道，滑向资本主义，社会主义运动暂时处于低潮。这个事件，极大地震撼了世界，成为 20 世纪发生的重大历史事件之一。

1. 东欧国家剧变过程

波兰剧变源于团结工会的东山再起。1988 年，波兰团结工会在西方国家的大力支持和鼓动下，利用波兰改革中出现的问题、面临的困难，挑起组织了三次全国性的大罢工，向波兰统一工人党施加压力，逼迫统一工人党妥协退让。1989 年召开的波兰各党派参加的“圆桌会议”决定于 6 月举行议会大选，6 月的大选结果出乎预料，统一工人党失利，团结工会在议会选举中获胜。8 月，团结工会顾问马佐维耶茨基组织政府。12 月，波兰议会通过宪法修正案，统一工人党第一书记雅鲁泽尔斯基被迫辞去总统职务，团结工会主席瓦文萨当选为总统。1990 年 1 月，失去了一切权力的波兰统一工人党召开第八次代表大会，宣布停止活动，并成立了两个新党——社会民主党和社会主义联盟。波兰统一工人党的消失，标志着波兰剧变的完成。

匈牙利剧变始于党内分裂。如果说促使波兰发生剧变的原因在于党外出现了反对力量，那么，匈牙利则是在党内出现了反对派。由于执政的社会主义工人党内部发生严重分歧，接受民主社会主义思潮的“激进改革派”占据了优势，决定实行多党制。1988 年，匈牙利社会主义工人党党代会通过了实行政治多元化的决议，党内反对派进入党的最高领导层，执政党内部一步步走向分裂。1989 年，匈牙利国会通过集会法和结社法，并接受了多党制要求。同年 10 月 7 日，匈牙利社会主义工人党召开十四大，决定将党改建为社会党。在随后举行的大选中，最大的反对党民主论坛获胜，而改名后的社会党成为在议会中力量微弱的小党，彻底失去了政权。

民主德国剧变是由公民大量出走所致。在波兰、匈牙利政局变化的影响下，从 1989 年 9 月下旬开始，民主德国的局势发生恶化。反对派纷纷成立组织，示威游行事件接连发生，许多居民开始逃往联邦德国。由于民主德国大批居民出走，造成了社会政治动荡不安。1989 年 10 月 18 日，德国统一社会党举行中央全会，昂纳克辞去总书记和国务委员会主席职务，由克伦茨接任。承认反对派组织“新论坛”的合法地位，决定实行多党制，开放东西德边境，拆除“柏林墙”。12 月，统一社会党举行特别代表会议，决定将党改名为民主社会主义党。1990 年 3 月 18 日举行了大选，由基督教民主联盟、德国社会联盟、民主党等组成的德国联盟获胜，并上台执政。民主社会主义党沦为在野党。新政府上台后，即要求与联邦德国合并。10 月 3 日，以德国联邦吞并民主德国的方式实现了德国统一，德意志民主共和国从此结束了它 41 年的历史。

捷克斯洛伐克的剧变始于为 1968 年“布拉格之春”平反而由反对派掀起的政治风潮。1989 年 11 月，首都布达佩斯爆发了一周的游行示威，以“七七宪章”为主体的 12 个反对派组织联合成立“公民论坛”，成为反政府活动的策划者。周边国家的变化和国内持续危机的压力，使党内意见分歧严重，以雅克什为首的捷共领导班子全体辞职，组成了以恰尔法为总理的“民族谅解政府”。新政府提出了政治多元化、经济市场化和加强同西方国家关系的施政纲领。11 月 29 日，捷联邦议会又批准了宪法修正案，取消了共产党的领导地位。1990 年 6 月举行大选，公民论坛等反对派获胜，捷共被完全排斥在政府之外，失去了政权。1993 年 1 月，捷克斯洛伐克一分为二，分别成立了捷克和斯洛伐克两个国家。

从 1989 年下半年开始，保加利亚的政局也发生了动荡。1989 年 12 月，反对派宣布组成“民主力量联盟”，向保加利亚共产党施压。保共同意与该反对派举行圆桌会议，并与 1990 年 1 月提前召开党的十四次全国代表大会。大会提出取消共产党的领导地位，实行多党制、议会民主和民主社会主义。1990 年 4 月，保共正式改名为社会党。1990 年 6 月，社会党在选举中获胜，组织了以卢卡尔诺夫为首的政府，但在反对派的压力下，社会党放弃了总统职位，接着又放弃了组阁权，最终变成在野党。

罗马尼亚剧变具有突发性。1989 年 12 月 21 日，齐奥塞斯库总统出席官方组织的数万人集会，不料变成了反对总统的示威，示威者占领了电台、电视台和党中央大厦等重要设施。反对派乘机宣布成立“救国阵线委员会”，接管政权。齐奥塞斯库夫妇被特别军事法庭判处死刑，罗马尼亚共产党自行解散。

1990年年底，在东欧剧变的大气候下，阿尔巴尼亚政局也开始动荡。1991年4月，阿尔巴尼亚人民议会通过《宪法主要条款》，对国家体制、社会政治制度等作了重大修正：更改国名，取消社会主义制度，实行三权分立和总统制，推行国家机构非意识形态化等。1990年6月，阿尔巴尼亚共产党改为社会党，放弃马克思列宁主义。在1992年3月举行的大选中，社会党失去政权，成为反对党。

在南斯拉夫，铁托去世后，民族主义势力抬头，中央政权逐步削弱。在1990年1月召开的十四大上，南斯拉夫共产主义者联盟发生严重分裂。此后，各联盟共和国纷纷独立改名，进行了多党制选举，南共联盟自行解体，1991年6月，以克罗地亚和斯洛文尼亚宣布独立为开端，南斯拉夫开始解体。

综上所述，从1989年夏天开始，在国际大气候和国内小气候的相互作用下，东欧社会主义国家的政局发生急剧变化。首先从波兰开始，而后迅速席卷整个东欧。8个国家的共产党纷纷失去政权，反对党上台执政，社会主义制度被取消。大体上都经历如下几个回合的斗争：一是反对派进行示威游行、罢工罢课，要求承认其合法组织；二是取得合法化后要求召开圆桌会议，与共产党对话；三是要求修改宪法，实行多党制、改组议会和政府；四是煽动动乱，在竞选中把共产党赶下台，政治上推行西方的多党制和议会制，经济上实行市场化和私有化。

2. 苏联国家解体过程

苏联解体是其长期矛盾积累的结果。1990年7月苏共召开了二十八大，大会通过了《走向人道的、民主的社会主义》的纲领。叶利钦等人在大会还没结束时就宣布退党。对苏共来说，二十八大结束，就是它四分五裂和失去政权的开始。如果说导致苏联演变的因素早已存在，那么把演变的悲剧变成现实，则是戈尔巴乔夫执政时的“新思维”造成的。

在苏共二十八大之后，面对国内的全面危机，苏共党内以利加乔夫为首的“传统派”对戈尔巴乔夫施加压力，要求戈尔巴乔夫为首的“主流派”对叶利钦采取强硬措施，以维护国家的统一和政局的稳定。1991 年 2 月，莫斯科 30 万人举行集会，反对以叶利钦为首的“激进派”。3 月 17 日，苏联举行了全民公决投票，76.4% 的人投票赞成联盟、保留国名、反对分裂。迫于各方压力，戈尔巴乔夫的态度有所转变，采取了一些强硬措施。但“激进派”也发动攻势，公开向中央宣战。1990 年 3 月，立陶宛宣布独立后，苏联其他各加盟共和国的离心倾向也迅速增强，拉脱维亚、爱沙尼亚、格鲁吉亚、亚美尼亚、摩尔多瓦的议会相继发表主权宣言，要求退出苏联。1991 年 3 月，戈尔巴乔夫提出了新联盟条约草案，计划于 8 月 20 日签署。这个条约草案把国名“苏维埃社会主义共和国联盟”改为“苏维埃主权共和国联盟”。1991 年 4 月下旬，戈尔巴乔夫从倾向“传统派”开始转向“激进派”。4 月 23 日，戈尔巴乔夫和 9 个共和国领导人撇开合法产生的国家最高权力机关，发表了决定整个国家命运的“9+1”联合声明。声明规定，尽快签订新联盟条约，通过新宪法，重新选举苏联人民代表、最高苏维埃和总统，建立新的中央政府，将国名改为“主权共和国联盟”，并决定在同年 8 月 21 日签署这一条约，这实际上是要改变苏联的社会主义性质。“9+1”联合声明是苏联演变中的又一重大转折，它加速了苏联走向解体的过程。

1991 年 6 月 12 日，“激进派”代表人物叶利钦以 57.3% 的多数票当选俄罗斯总统，其势力大增，使得“传统派”处境不利。7 月 10 日，叶利钦签署“非常化”总统令，禁止共产党在俄罗斯联邦政府和国营企业进行活动，给“传统派”以沉重打击。

面对日益严重的政治、经济、社会和民族危机，为了阻止新联盟条约的签署，“传统派”策划了“8·19”事件。1991 年 8 月 19 日，以苏联副总统亚纳耶夫为首组成的由 8 人参加的国家紧急状态委员会，宣布戈尔巴乔夫因健康原因休假，由副总统履行总统职责。同日，国家紧急状态委员会发表《告苏联人民书》，呼吁苏联人民支持该委员会，使国家尽快摆脱危机。这一举动反映了苏共党内一部分人试图使社会尽快摆脱危机，维护统一的联盟国家、维护共产党的合法地位、维护社会主义的选择。但由于他们幻想在合法的、不流血的、无代价的范围内解决问题，结果作茧自缚，陷于被动。8 月 21 日，苏联总统戈尔巴乔夫在克里米亚发表声明，强调他已控制了局势。8 月 22 日，戈尔巴乔夫发布了总统令，宣布撤销国家紧急状态委员会及其颁布的一切决定，“8・19”事件就这样以迅速失败而告终。

“8・19”事件的发生，本意是想摆脱苏联分裂危机、维护苏联统一的，最后却成了加速苏联瓦解的催化剂。“8・19”事件发生后，叶利钦下令停止俄共活动，并把苏共和俄共全部财产收归俄罗斯政府，并接管了苏联国家银行，苏联军队、内务、安全、外交、财政等重要部门都被改组；戈尔巴乔夫宣布辞去苏共中央总书记职务并要求苏共中央自行解散；苏联最高苏维埃决定“暂停苏共在苏全境的活动”，并对苏共领导机关进行审查；继俄罗斯之后，各共和国的共产党有的被中止活动，有的被宣布非法，有的则宣布脱离苏共并更换党名；叶利钦宣布俄罗斯联邦承认爱沙尼亚和拉脱维亚独立。此后，苏联各加盟共和国纷纷宣布独立。1991 年 12 月，俄罗斯等 11 个独立国家领导人在阿拉木图举行独立国家首脑会议，正式宣告建立独立国家联合体，苏联从此不复存在。

（三）汲取 20 世纪世界社会主义经验教训发展科学社会主义

1. 认真总结 20 世纪世界社会主义的基本经验教训

苏联解体、东欧剧变是 20 世纪以来震撼世界的最重要的历史事件。搞清楚苏联解体、东欧剧变的真正原因，正确总结其经验教训，得到新的认识和启示，确实是一个非常重大的历史和现实问题，对这一如此重大的历史和现实问题原因的追问，可以说没有完成时，只有进行时。不过，马克思主义经典作家还是为我们认识这一重大问题，提供了科学的方法论指导。唯物史观认为，任何重大历史事变都是“合力”作用的结果。正如恩格斯所说：“有无数相互交错的力量，有无数个力的平行四边形，由此就产生出一个合力，即历史结果，而这个结果又可以看作是一个作为整体的、不自觉的和不自主地起着作用的力量的产物。”[①] 苏东剧变是多重因素综合作用的结果。在诸多因素中，西方“和平演变”当然是外因，外因通过内因起作用，苏东国家内部僵化的体制造成经济发展滞缓，最终将“改革”变成“改向”；执政党陷入深刻危机严重脱离群众，是两个主要的深层根源，是其内因。内外因的相互作用，最终导致苏共剧变。同时指导思想上背离和抛弃科学社会主义的基本原则是其剧变的本质原因。由于苏联解体、东欧剧变，使社会主义运动走入暂时的低潮，教训是极其深刻的。概括起来主要有如下几点：

第一，必须以马克思主义为指导，在实践中坚持和发展马克思主义。马克思主义是指导社会主义事业的理论基础。如果抛弃了马克思主义，社会主义国家的共产党就会思想混乱，人民就会失去团结奋斗的共同思想基础和政治基础，从而必然遭到失败。这就是我们总结苏东剧变教训所得出的最基本的结论之一。与时俱进是马克思主义的理论品质，自马克思主义产生以来，它总是随着时代的变化和实践的深入不断丰富和发展。正如恩格斯所说：“我们的理论是发展着的理论，而不是必须背得烂熟并机械地加以重复的教条。”[②] 列宁也指出：“只有不可救药的书呆子，才会单靠引证马克思关于另一时代的某一论述，来解决当前发生的独特而复杂的问题。”[③] 可以说，马克思主义经典作家为我们正确对待马克思主义作出了表率。我们不应把马克思主义看作是一成不变的教条，它是科学的方法和行动的指南；它必须由实践赋予活力，由实践来修

① 《马克思恩格斯选集》第4卷，人民出版社1995年版，第697页。

② 同上书，第681页。

③ 《列宁选集》第1卷，人民出版社1995年版，第162页。

正。我们要善于根据实践的发展，不断丰富和发展自己的理论。这正是科学社会主义理论与实践不断发展、不断取得胜利的根本。相反，如果我们教条地对待马克思主义，思想僵化，迷信盛行，必然使马克思主义失去生机活力，不能正确指导实践。

从苏联剧变的情况看，在相当长的时期内，苏联共产党对马克思主义就采取了教条主义的态度，没有很好地把马克思主义与本国的实际特别是时代发展结合起来，不能提出和创新理论，形成许多僵化甚至错误的认识。这就禁锢了人们的思想，束缚了人们的手脚，也严重制约了社会主义改革的发动和深入推进。苏共对待马克思主义这种僵化的态度，对东欧各国社会主义国家也产生了广泛影响。这些社会主义国家的共产党不能根据变化了的实际发展马克思主义、发展社会主义理论，以至于改革成效不大，一些矛盾和问题长期得不到解决。面对这些困扰，苏东共产党又从一个极端走向另一个极端：否定马克思主义的指导作用，放弃马克思主义的指导地位，企图照搬套用西方的经济政治理论来解决问题。如苏共领导人戈尔巴乔夫就用所谓“人道的、民主的社会主义”取代科学社会主义。失去了马克思主义，苏联共产党就失去了思想上的统一，国家和社会也失去了精神纽带，对东欧各国共产党在指导思想上的蜕变也起到了催化作用。这不仅引发了党内外的全面政治危机，也为国内外敌对势力颠覆苏东社会主义制度打开了缺口。历史教训告诉我们，无论过去、现在还是未来，以马克思主义为指导，在实践中坚持和发展马克思主义，是社会主义国家共产党必须始终坚守的一个最基本的政治原则。

第二，必须坚持马克思主义基本原理与本国实际相结合，实现马克思主义民族化。能否把马克思主义基本原理与本国的实际有机地结合，实现社会主义的民族化，这是社会主义建设成败的关键，也是衡量共产党在理论上是否成熟的标志。战后初期，东欧一些国家根据战后国际形势的变化和本国的特点，采取渐进的方式，逐渐向社会主义过渡，为探索社会主义道路的多样性提供了新的模式和新的经验。然而，正当东欧国家选择自己发展道路时，斯大林根据战后“冷战”的国际环境，改变了战后初期对东欧国家探索自己发展道路的肯定态度，开始反对东欧社会主义国家的多种道路选择，强调社会主义的统一性，硬是把苏联在20世纪30年代在特殊的条件下形成的社会主义模式绝对化、凝固化，并把它看作是社会主义的唯一模式“推广”到其他所有社会主义国家。这种割断历史，无视不同国家和民族特点的大国主义和教条主义的做法，导致了极其严重的后果。客观地说，战后斯大林社会主义模式由一国向多国的发展，对抵御以美国为首的西方国家的扩张和挑衅，保障东欧国家恢复和发展经济起过一定的积极作用。由于苏联模式是苏联社会主义发展初期的一种探索，是特定历史条件下的产物，不是必须长期坚持、固定不变的模式，也不是所有社会主义国家必须全盘效仿和普遍使用的模式。所以，它并不适合东欧各国的国情。但东欧国家（除南斯拉夫外）的执政党和政府仍然摆脱不了传统模式的影响和束缚，继续沿着苏联模式的道路走下去，结果，到了20世纪七八十年代，东欧的这些社会主义国家国内矛盾激化和加剧，经济社会发展速度缓慢，执政党面临这些新的问题和困难，又找不到改革的良策。与此同时，西方资本主义国家却及时调整政策，以科学技术革命为先导，大力发展社会生产力，增强了综合国力。而东欧社会主义国家却在同资本主义国家的和平竞争中处于不利地位，这样，通过对这些现象的表面认识，人们对社会主义越来越不相信，产生了对共产党和社会主义制度的信任危机，最终导致剧变。东欧的剧变和苏联的解体告诉我们，必须把马克思主义基本原理同本国实际结合起来，寻找符合国情的社会主义建设道路，实现马克思主义民族化。

第三，必须破解社会主义国家生产力发展落后这一世纪性“难题”，努力把经济建设搞上去。由于现实社会主义革命不是首先发生在西方发达国家，而是率先在经济文化相对落后的东方国家取得胜利，这就决定了社会主义从理论到现实的实践必将是一个漫长而又艰巨的探索过程。对此，列宁有比较清醒的认识，他曾多次说过，由于历史进程的曲折性不得不开始社会主义革命的那个国家越落后，它由旧的资本主义关系过渡到社会主义关系就越困难。他用“开始容易，继续困难”这八个字一再告诫俄国共产党人必须充分认识建设社会主义的长期性和艰巨性。现实社会主义在落后国家诞生后，接下来的建设任务之所以漫长而又艰巨，是因为它必然面临着双重任务：一是要大力发展生产力，改变落后面貌，实现国家富强、人民幸福，这是社会主义的本质要求；二是要改变生产关系消灭剥削，消灭私有制建立社会主义的所有制关系。而且这双重任务又是相互制约、相互促进和辩证统一的。如何将二者有机统一起来，这对执政的共产党来说，完全是一个崭新的课题，需要在具体的实践中不断摸索。现实社会主义发展中几十年来出现的一系列失误和偏差，归根结底就是这个基本问题没有搞清楚，它也因此成为世纪性“难题”。苏东各国共产党兴亡沉浮的历史启示我们，发展是硬道理，执政党必须始终以经济建设为中心，尊重生产力发展的客观规律，努力把经济建设搞好，不断提高人民的物质文化生活水平。苏东社会主义国家在确立的一段时期，国民经济都曾有过巨大的发展。但后来由于体制僵化，越来越不能适应经济和社会进一步发展的需要，困难越来越多，甚至出现停滞的局面，以致与发达资本主义国家在20世纪60年代以后的稳定繁荣相比，苏东社会主义各国处于明显的劣势。从经济本身原因来说，主要是五个方面问题：一是，没有从生产力发展的实际水平出发，片面追求生产关系的高级化程度，生产力水平没有得到切实应有的发挥；二是，在经济发展战略上片面强调发展重工业，忽视农业和轻工业，实际上，未能处理好经济建设中速度与效益的关系，盲目追求高速度，但效益低、质量差，也严重制约了人民生活水平的提高；三是，实行高度集中的计划经济体制，用行政手段管理经济，排斥了市场机制和经济杠杆的作用；四是，在分配领域中推行平均主义，挫伤了劳动者的积极性；五是，自我封闭，未能及时跟上新的科技革命发展的步伐，缺乏参与国际经济技术竞争的活力。所有这些，都严重影响了经济发展和人民生活水平的提高。一句话，苏东剧变，归根结底是由于长期以来，经济建设没有搞好，人民对社会主义制度失去信心。总结这一教训，社会主义国家一定要努力破解生产力发展落后这一难题，以经济建设为中心，通过改革开放解放发展生产力，把经济建设搞好。

第四，必须下大决心加强执政党自身建设，始终保持党同人民群众的血肉联系。苏东改革失败并最终导致剧变的一个重要教训是缺乏共产党的坚强领导和党与人民的团结一致。俗话说得好，打铁还需自身硬，共产党是社会主义国家的核心领导力量，社会主义国家的改革必须始终坚持共产党的领导。要实现共产党的领导，执政的共产党就必须不断地改进和完善自己的领导，加强党的自身建设，密切联系群众，这是关系党和国家生死存亡的重大问题。执政的共产党必须坚决地清除腐败，坚决地消除政治体制中存在的权力过度集中、官僚化、特权化等弊病。执政党如果长期脱离群众，最终必将被人民抛弃。苏东各社会主义国家执政的共产党自身建设都没有搞好，没能保持无产阶级政党的先进性和纯洁性，严重地脱离群众，因而失去人民的信任，最终导致失败，这是我们从苏东剧变中得到的最深刻的教训。共产党要想永远具有战斗力，永远得到人民的拥护，必须始终代表先进生产力的发展要求，代表先进文化的前进方向，代表最广大人民群众的根本利益。党的领导权必须掌握在真正的马克思主义者手里，坚持马克思主义，坚持正确的社会主义方向，大公无私，清正廉洁，一心为人民服务。只有这样，才能团结人民，党的战斗力才能得以提高。

2. 汲取苏东剧变的经验教训，开辟中国特色社会主义道路

20世纪的社会主义运动，经历了凯歌行进和艰难探索两个历史时期。第二次世界大战后，欧洲、亚洲和拉丁美洲一些国家纷纷走上了社会主义道路，形成了世界社会主义阵营。各社会主义国家在马克思列宁主义的指导下，取得了辉煌成就，显示了社会主义制

度的巨大生命力。这是世界社会主义事业凯歌行进、蓬勃发展的时期，马克思主义也在世界范围内得到了广泛传播和发展。然而，由于传统社会主义模式的弊端日益暴露，特别是没能跟上世界科技革命和全球化的浪潮，社会主义国家与西方发达资本主义国家的差距逐步拉大。苏联和东欧各国针对日益暴露出来的弊端相继进行了改革，取得了一定成就，但由于没有从根本上触动传统社会主义模式的基本框架，特别是到了80年代末90年代初，苏联东欧国家改革的指导思想发生根本性变化，由“改革”变为“改向”，最终导致剧变解体。苏联东欧剧变解体，使国际社会主义运动陷入低潮，马克思主义受到极大冲击。对此，帝国主义和一切反社会主义势力弹冠相庆，认为这是资本主义对社会主义的胜利，从此，社会主义将在世界上逐渐消失。也有一些人在思想和行动上发生困惑、怀疑和动摇，认为“共产主义不行了”，“马克思主义不灵了”，“社会主义道路走不通了”。因此，认真总结苏共失败、苏联解体、东欧剧变的经验教训，对于我们开辟中国特色社会主义道路、高举中国特色社会主义伟大旗帜，具有十分重大的意义。

历史的辩证法告诉我们，任何新生事物的发展都不会是一帆风顺的，都要经历一个从小到大、由弱到强的曲折发展过程。资本主义制度发展的几百年间，大大小小的复辟倒退都出现过。比如，英国资产阶级革命被推翻后，斯图亚特王朝曾两次复辟，直至1688年才确立了君主立宪的国家体制。法国资产阶级革命更是经历了两个帝国、两个王朝、三个共和国、四次革命，历时86年，资产阶级政权才得以巩固。一个剥削制度取代另一个剥削制度尚且需要经历如此长期的反复曲折，同一切剥削制度实行彻底决裂的社会主义制度在其巩固和发展过程中出现些曲折，就不足为怪了，更何况现实的社会主义大都产生于经济文化比较落后的国家里，其困难可想而知。加之社会主义作为现实的社会制度，其存在还不到一百年的历史，换言之，从世界范围看，社会主义制度同已经发展了数百年的资本主义制度比较，它还处在初始阶段，它必然要经历从没有经验到有经验，从较少经验到较多经验的过程。在这个发展过程中出现些失误，受到些挫折也是在所难免的。列宁就曾经说过："设想世界历史会一帆风顺、按部就班地向前发展，不会有时出现大幅度的跃退，那是不辩证的，不科学的，在理论上也是不正确的。"①"我们必须为我们的落后，我们的贫弱、我们正在学习和应当学习的东西付出代价。谁要学习，谁就得交学费。"② 苏联解体，东欧一些社会主义国家发生剧变，社会主义暂时走入低潮，而今天这些国家之所以如此，是因为它们没能探索出符合本国国情的社会主义发展道路，它们没有把马克思主义的基本原理同本国的实际结合好，改革的指导思想恰恰是背离了科学社会主义的基本原则所致，所以说，苏联解体、东欧剧变不是马克思主义的失败，也不是社会主义的失败。它没有改变，也不会改变资本主义必然灭亡和社会主义必然胜利这一历史发展总趋势。正如邓小平在 1992 年年初视察南方的重要谈话中明确指出："社会主义经历一个长过程发展后必然代替资本主义。这是社会历史发展不可逆转的总趋势，但道路是曲折的。资本主义代替封建主义的几百年间，发生过多少次王朝复辟？所以，从一定意义上说，某种暂时复辟也是难以完全避免的规律性现象。一些国家出现严重曲折，社会主义好像被削弱了，但人民经受锻炼，从中吸取教训，将使社会主义向更加健康的方向发展。"③

自科学社会主义诞生以来，国际共产主义运动曾出现过三次低潮。正是在三次大的低潮中，科学社会主义经受住了实践和时间的考验，并在实践中发展了科学社会主义。在第一次低潮中，诞生了列宁主义和第一个社会主义国家；在第二次低潮中诞生了毛泽东思想；东欧剧变和苏联解体使国际社会主义运动陷入第三次低潮，在

① 《列宁选集》第 2 卷，人民出版社 1995 年版，第 694 页。
② 《列宁全集》第 42 卷，人民出版社 1987 年版，第 51 页。
③ 《邓小平文选》第 3 卷，人民出版社 1993 年版，第 393 页。

这次低潮中，以邓小平为代表的中国共产党人，在总结历史经验教训的基础上形成了中国特色社会主义理论。20 世纪 80 年代末 90 年代初，在国际风云变幻的严峻关头，邓小平以伟大战略家的睿智目光和伟大政治家的革命气魄，科学地分析和总结了苏联、东欧演变的历史教训 。他指出："社会主义究竟是个什么样子，苏联搞了很多年，也并没有完全搞清楚。可能列宁的思路比较好，搞了个新经济政策，但是苏联的模式僵化了。""看来这个模式在苏联也不是很成功的。"[①] 他坚信，"只要中国社会主义不倒，社会主义在世界将始终站得住"[②]。他重申，"中国的社会主义是变不了的。中国肯定要沿着自己选择的社会主义道路走到底。谁也压不垮我们。只要中国不垮，世界上就有五分之一的人口在坚持社会主义。我们对社会主义的前途充满信心"[③]。以邓小平、江泽民、胡锦涛、习近平为代表的中国共产党人在改革开放的接力实践中，不断总结社会主义建设正反两方面的经验教训，愈加深刻地认识到：社会主义在发展过程中必然会带有不同民族和国家特色，这是社会主义发展的客观规律；社会主义的基本原则是通过各民族、各国家的具体特点来体现的，这些特点正是社会主义的生机和活力的体现。正是基于这些认识，富有创新精神的中国共产党人提出了中国特色社会主义理论，开辟了中国特色社会主义道路。

历史已经证明，中国走社会主义道路，这是 20 世纪中国人民经过反复探索、历经磨难而作出的唯一正确的历史选择。经过 30 多年改革开放的伟大实践，社会主义中国取得了举世瞩目的伟大成就，体现了社会主义制度的巨大优越性，展现出社会主义的勃勃生机。实践已经证明并将继续证明，只有社会主义，才能救中国；只有中国特色社会主义，才能发展中国。

---

① 《邓小平文选》第 3 卷，人民出版社 1993 年版，第 139、178 页。

② 同上书，第 346 页。

③ 同上书，第 320—321 页。

第四章　模式突破与中国特色社会主义的道路开辟

走什么样的发展道路，关系国家前途、民族命运和人民幸福。在中国这样一个大国，由于近代鸦片战争以来，帝国主义的入侵和压迫，使我们走上了半殖民地半封建的发展道路，这给中华民族带来了极大的痛苦和灾难，中国将怎样摆脱帝国主义的剥削压迫带来的贫困落后局面，走上一条现代化的独立自主发展道路，实现中华民族的伟大复兴，是中华儿女和仁人志士几代人的梦想和追求。我们搞过自强运动、君主立宪，也试过学习西方，搞多党制的民主等，如洋务运动、戊戌变法、辛亥革命、立宪民主和议会道路的制度实践，然而，在当时的历史条件下，都行不通，也搞不下去，在经历了各种艰难困苦和英勇奋斗的流血牺牲，在付出了各种代价的选择情况下，才终于找到了正确的发展道路，这条道路就是走社会主义的发展道路。社会主义能够救中国，社会主义能够发展中国、这是历史的结论、这是人民的期盼、这是历史的选择，这也是人民的选择。在这个选择中，中国共产党和中国共产党人是立下了大功和做出了巨大贡献的。

一　时代潮流——走社会主义道路的历史必然性

中国选择走向社会主义道路，绝不是头脑发热，也不是被迫的选择，而是中国近代历史发展进程中的一个必然选择，也可以说是一个时代潮流和历史发展的必然大趋势。自1840年鸦片战争以来，经过太平天国起义、洋务运动、戊戌变法和辛亥革命等大大小小的政治斗争和70多年的奋斗历程，经过了无数次的流血牺牲和失败的教训考验，人们终于找到了一个正确的发展道路，那就是社会主义道路。

中国选择走上社会主义的发展道路，是有其内外因条件的。既有世界外部发展形势和发展环境的影响原因，也有中国内部阶级斗争、政治斗争发展趋势和发展环境变化的影响因素。总之，它是一个内外因结合共同作用的必然结果，也是历史发展的必然过程和必然趋势。

就外部原因看，社会主义思想开始影响中国，十月革命送来了马列主义。在20世纪初的中国，世界社会主义思想，从空想社会主义莫尔的《乌托邦》算起，已经有400年的历史了，从马克思、恩格斯的1848年的《共产党宣言》发表算起，科学社会主义思想影响也有近70年的历史了，可是在当时的中国，由于帝国主义侵略压迫，由于我们的落后封闭，一些进步思想，特别是社会主义、马克思主义的思想影响还很有局限，只是在一些知识分子和有识之士中流传。最有说服力和震撼力的事件，就是1917年的俄国十月革命，这发生在我们邻国的事件，如同一次政治大地震，给黑暗中的中国、给苦苦寻求希望和出路的中国人民，带来了极大的鼓舞和震动，也给那些已经有些心灰意冷却找不到出路的政治家们以极大的激励，向俄国学习，走十月革命的道路，在当时不仅是一个时髦的口号，也已经成为许多有识之士的共识。无论是资产阶级革命派代表孙中山先生，还是刚刚组织起来的共产党人，都是异口同声地欢呼十月革命的精神和道路，都是期盼中国十月革命的到来。马克思主义、社会主义一时成为了那个时代的热门话题。

就内部原因看，自1840年鸦片战争以来，中国开始沦为半殖民地半封建社会，中国社会的主要矛盾开始变为帝国主义与中华民族的矛盾，一场反帝反封建的政治斗争就此拉开了序幕。在这场关系中华民族命运的伟大斗争中，我们经历了太平天国起义、洋务运动、戊戌变法和辛亥革命等几次比较大的政治斗争和革命运动，有成千上万的仁人志士、英雄人物为此而英勇奋斗流血牺牲，付出了极其惨痛的代价，但是最终也仍然没有找到一条如何解决中国出路的发展道路。

太平天国起义，是一次近代意义上的农民战争和农民起义，太平天国运动进行了14年，横扫了半个中国。太平天国起义尽管极大地打击了帝国主义、封建主义的统治势力，给黑暗中的中国社会带来一线希望，但由于受到农民阶级本身的局限和世界历史进程的影响，世界已经进入资本主义自由竞争向垄断发展的阶段，即帝国主义阶段，所以，农民战争尽管英勇，却仍然摆脱不了失败的命运。

洋务运动是一次封建统治内部的改革运动，洋务运动开始的外因是帝国主义的侵略压迫，造成了封建统治的困境和人民群众的不满；内因就是轰轰烈烈的太平天国起义和大大小小的人民起义斗争，给封建阶级的统治敲响了丧钟，加上统治阶级内部呼唤变革的声音越来越大，封建统治不得不在自己的统治内部进行一些改革和变化，以应对这越来越复杂困难的统治局面。然而，经过30多年的洋务运动，在1894年的中日甲午战争中，便宣告了它的失败。究其失败原因，主要还是依靠腐朽的封建统治进行内部的改革运动已经没有出路和希望：一是，旧的统治制度的腐朽。腐朽的统治制度已经不能够适应当时社会生产力发展的形势了，也极大地束缚了改革的发展，改革只是一种起装饰和粉饰作用的东西，在触动统治阶级根本利益的问题上，改革就无能为力了；二是，体制方面，洋务派人物也有局限性。其官僚体制式的管理和衙门式的作风，与大工业和近代军事管理的科学化水平不适应、相矛盾的问题非常突出。它已经早早地深深地扎根在了封建统治的泥土中了，早就埋下了失败的种子。所以，洋务派既是洋务运动的推动者，也是洋务运动的摧残者。对腐朽的封建统治制度来说，不动大手术、大变革是不行了。

历史到了戊戌变法阶段。戊戌变法（1898年6月11日—9月

21日）是封建统治实行的一次政治改革运动，它由皇帝来主导，借鉴了英国、日本的君主立宪制，在经济、教育、军事、政治及官僚制度等多个层面进行变革，以期达到富国强兵的目的。然而，变法仅仅维持了103天，就宣告失败，所以，也有人称这次戊戌变法为“百日维新”。失败原因是多方面的，但主要原因是：一是，从变法的性质上看，它不同于洋务运动，洋务运动是统治阶级的内部改革，而变法是一次资产阶级的改良运动，涉及方方面面的利益，需要认真对待和处理，不能操之过急；二是，从主导变法的力量上看，变法中，新兴资产阶级的力量过于弱小，却没有广大群众的参与支持，仅仅局限在少数几个人身上；三是，在变法中，忽视了统治阶级中顽固势力的强大。

历史进程的发展和封建顽固势力的镇压，逼迫资产阶级进行思考和选择，思考和选择的结果是：改良道路不通，就只能走上一条资产阶级革命的道路。1911年在武昌爆发的武装起义，史称辛亥革命，是一次资产阶级的革命运动，它推翻了统治中国两千多年历史的封建统治制度，建立了资产阶级共和国，开始走向一条新的现代化发展道路。但历史就是那样无情，又给满怀希望的中国人民泼了一盆冷水，中国社会除了没有了封建皇帝以外，似乎一切跟从前一个样，城头只是变换了大王旗。由于资产阶级的软弱性，辛亥革命的果实被封建势力代表袁世凯盗取了，所以，后来才有了孙中山的“革命尚未成功，同志仍需努力”的呼喊与慨叹！

就这样，在中国的土地上，在鸦片战争以来70多年的奋斗历程中，在各种政治势力、政治人物的较量和博弈中，在中国人民的苦苦追寻中，仍然没有完成反帝反封建的任务，仍然没有能够找到一条正确的发展道路。历史似乎走到了死胡同。

就在人们徘徊绝望的探索中，我们迎来了惊雷、迎来了希望！这惊雷就是俄国十月革命的惊雷，这希望就是十月革命带来的希望。它给黑暗中探索的人们再次点燃了奋斗的希望和力量。跟着社会主义走，跟着共产党走，走社会主义的发展道路，这是完成反帝反封建政治斗争的唯一选择，这就是中国历史发展进程中的必然选择，这就是中华民族实现伟大复兴的正确选择，这就是中国走上现代化发展道路的唯一希望。

走社会主义道路，不仅是一句口号，还是一个实实在在的行动。在中国这样一个有几亿人口的大国里，在面对各种复杂形势和政治势力的角逐面前，走社会主义道路的过程就不可能是一帆风顺、平平安安的，它也是经历了血与火的斗争和流血牺牲，在与形形色色各种机会主义、教条主义的斗争中，在付出各种各样的代价基础上，才终于走上社会主义道路的。

在这个奋斗和选择过程中，我们中华民族的仁人志士和中国共产党人做出了巨大的贡献，特别是中国共产党，起到了中流砥柱的重要作用。李大钊、陈独秀、陈望道等一大批杰出人物为社会主义思想的传播、为马克思主义的传播做出了巨大贡献，也为中国共产党的创立奠定了理论基础。中国共产党的创立是开天辟地的大事件，它不仅仅给黑暗中探索的人们带来了希望，还为中国人民推翻压在头上的“三座大山”、走上社会主义道路指明了正确的方向。中国共产党是中国人民翻身解放求幸福的希望，是中国走社会主义道路的中流砥柱。

二　承前启后——中国社会主义的发展历程

中国社会主义的发展历程，可以分为两个阶段、三个时期。两个阶段：一是，新中国成立前的阶段，即新民主主义革命阶段，完成反帝反封建革命任务的阶段，是社会主义革命前的第一步任务目标；二是，社会主义革命和建设阶段，即建立社会主义制度阶段，后来邓小平讲，叫社会主义初级阶段。三个时期：第一个时期，是新民主主义社会时期，也叫社会主义革命和改造时期，又称社会主义过渡时期，是 1949 年新中国成立到 1956 年完成社会主义改造的这一段时期；第二个时期，是社会主义建设的探索实践时期，包括毛泽东领导的人民公社运动和“文化大革命”运动时期，时间是1956年到1976年10月，大约是经历了20年，其中“文化大革命”运动是10年；第三个时期，是邓小平的改革开放时期，也叫中国特色社会主义建设时期，时间是1978年年底到现在的发展时期，目前已经经历了将近40年的发展时期了。

在社会主义这两个发展阶段中，以毛泽东为代表的无产阶级革命家做出了巨大的历史性贡献。特别是毛泽东本人，为中华人民共和国的建立、为社会主义革命和建设道路的开辟、为社会主义制度在中国的确立，做出了不可磨灭的历史性贡献。党的十八大报告中指出，“以毛泽东同志为核心的党的第一代领导集体带领全党全国各族人民完成了新民主主义革命，进行了社会主义改造，确立了社会主义基本制度，成功实现了中国历史上最深刻最伟大的社会变革，为当代中国一切发展进步奠定了根本政治前提和制度基础。在探索过程中，虽然经历了严重曲折，但党在社会主义建设中取得的独创性理论成果和巨大成就，为新的历史时期开创中国特色社会主义提供了宝贵经验、理论准备、物质基础”。

以毛泽东等为代表的一大批无产阶级革命家，在对社会主义道路的探索中，在社会主义革命和社会主义建设的伟大实践中做出了巨大贡献。在中国，不了解毛泽东，就不可能正确认识中国社会主义革命和社会主义建设的发展道路，就不可能正确认识毛泽东。毛泽东是我们正确认识中国社会主义发展道路的第一人。

毛泽东，字润之，笔名子任。1893年12月26日生于湖南湘潭韶山冲一个农民家庭。1976年9月9日在北京逝世，享年83岁。毛泽东是中国人民的伟大领袖，马克思主义者，伟大的无产阶级革命家、战略家和理论家，是中国共产党、中国人民解放军和中华人民共和国的主要缔造者和领导人，是诗人、书法家。他历任中国共产党中央军事委员会主席（1936—1976）、中国共产党中央政治局主席（1943—1945）和中央委员会主席（1945—1976）、中华人民共和国中央人民政府主席（1949—1954）和中华人民共和国主席（1954—1959）。

在毛泽东青年时期，关于社会主义方面的书籍对他影响很大，对毛泽东青年时期影响比较大的一些书籍，包括新文化运动开始以后李大钊、陈独秀、胡适等人的著作，还有陈望道翻译的《共产党宣言》以及马克思主义方面的书籍。由此奠定了毛泽东基本的政治和社会知识背景。五四运动以后，毛泽东正是通过大量阅读、学习，选择了马克思主义。

五四运动时期，毛泽东对各种社会理论思潮做了认真比较。最早的时候，毛泽东相信拿破仑、克伦威尔、华盛顿这些人，他认为中国需要这样的人。后来他相信无政府主义的“暴力革命”，亦称“炸弹革命”，就是搞暗杀。那时，他觉得要改变中国，一定要把一些坏人给干掉。因此，信奉过辛亥革命搞的刺杀。他又信奉过“新村主义”，觉得国家要搞好，要改变社会、改造中国，就要找个地方，把一群一群的人先训练好，使他们成为新人。人改造好了，然后才能改造好国家。因此，当时毛泽东跑到岳麓山去看地，看好一大片土地，就想把这片土地包下来，然后组织一些志同道合的人，在这里耕种、盖房、学习。为此，他还写了计划书。这与西方空想社会主义欧文等一些人的做法有相似之处。之后，毛泽东还信仰过胡适提倡的“实用主义”、托尔斯泰的“左翼主义”，还有拉美“工联主义”等等。青年毛泽东通过阅读，不断地了解各种社会思潮，在甄别中不断选择自己的思想驿站。后来，毛泽东在表明自己信仰马克思主义的过程时谈道：“我看俄国式的革命，是无可奈何的山穷水尽诸路皆走不通了的一个变计，并不是有更好的方法弃而不采，单要采这个恐怖的方法。”毛泽东用“山穷水尽诸路皆走不通”10个字，形象地概括了近代以来仁人志士探索民族复兴之路苦涩的心路历程。

1919年，毛泽东创办《湘江评论》，宣传新文化思想，助推新文化运动。1921年7月，中国共产党成立，毛泽东成为中国共产党成立时的一大代表，1924年国共合作时期，曾任国民党中央宣传部代部长，1927年国民党蒋介石实施“4·12”反革命大屠杀后，9月9日，毛泽东领导了井冈山秋收起义，创建工农革命军，提出了“枪杆子里出政权”的思想。1935年1月，在长征途中的遵义会议上，他当选军事三人团成员，成为最高决策人之一。1936年12月7日，统一的中共中央革命军事委员会在保安县组成，毛泽东任军委主席。抗日战争时期，他领导八路军、新四军与日寇进行了艰苦卓绝的斗争。1945年6月，在党的七大会议上，他当选中共中央主席。在解放战争时期，他领导指挥了三大战役，推翻了压在人民头上的“三座大山”，完成了新民主主义革命的反帝反封建的历史任务，建立了人民当家做主的国家——中华人民共和国。

新中国成立后，开始了社会主义革命和社会主义建设新的历史时期。毛泽东对社会主义的探索和实践过程，分为两个阶段：第一阶段，是新民主主义革命阶段；第二阶段，是社会主义革命和建设阶段。

第一阶段，新民主主义革命阶段。这是无产阶级领导的中国人民进行反帝反封建斗争的阶段，它虽然属于资产阶级革命的任务，也有资产阶级的参与，但是，由于它是无产阶级领导的革命性质，就带来了革命的艰巨性、复杂性。在无产阶级的革命领导权问题上，也不是一下子认识清楚的。在我们共产党内，也是存在着不同声音和认识的。由陈独秀开始时期的所谓共产党独立领导，不跟国民党合作的主张，经过苏联代表的工作，到后来的国共合作中又完全倒向国民党一边，提出一切听从国民党、一切服从国民党的主张，等于是又走向了另一个极端。两个做法都是放弃我们共产党的领导权。结果是我们共产党处处被动，后来导致蒋介石背叛革命、屠杀共产党人，轰轰烈烈的北伐战争，即第一次国内革命战争的果实被蒋介石占有了，共产党人参与的大革命失败了。

在革命斗争的形式上，是教条主义地照搬马克思主义的条文和俄国十月革命的形式，还是根据我们本国的国情，采取具体灵活的斗争形式？很显然，我们应当采取后者形式。但在这方面，我们却采取了教条主义的形式，结果也是走过了一段曲折发展的历程，付出了惨痛的血的代价。以毛泽东为代表的无产阶级革命家们，围绕走什么样的革命发展道路，怎样夺取政权的问题上，以大无畏的英雄主义气概，勇敢地探索出了一条把马克思主义理论与中国的具体实际相结合，走农村包围城市、武装夺取政权的正确革命道路。毛泽东指明的这条道路，使我们中国革命取得了一个又一个的伟大胜利，推翻了“三座大山”、建立了中华人民共和国。

第二阶段，社会主义革命和社会主义建设阶段。新中国成立后，在中国这样一个落后的国家搞社会主义，马克思主义老祖宗那里没有理论说明和介绍经验，我们自己也没有现成的经验和模式可以借鉴，按照毛泽东当时的看法，我们一是没办法；二是不满意。没办法，指我们当时自己没有现成的经验可以借鉴，只能够按照苏联社会主义的模式去做、去学习、去实践；不满意，指在学习苏联模式的过程中，发现还存在一些问题和不满意的地方。也需要我们不断探索、不断实践、不断总结经验教训。因此，在当时的历史情况下，办法只能是两个：一是，学习苏联社会主义经验，实施一边倒学习模仿政策；二是，自己一边探索实践一边总结经验，探索出一条有自己特点的社会主义发展道路。以毛泽东同志为核心的第一代领导集体，带领全党全国各族人民，在迅速医治战争创伤、恢复国民经济的基础上，创造性地进行了社会主义改造，建立了社会主义基本制度。建设社会主义，对我们党来讲，是一个新的历史课题，在学习苏联经验的过程中，我们感到了苏联经验的局限性，也就是毛泽东感到不满意的地方。在对社会主义的探索实践中，我们自己提出了以苏为鉴，独立探索适合我们国情的社会主义发展道路。为此，毛泽东同志发表了《论十大关系》、《关于正确处理人民内部矛盾的问题》等多篇著作，阐明对社会主义初期阶段建设社会主义的一系列问题的观点认识。实践证明，这些思想认识是符合实际的，是正确的。只是后来由于党对形势判断的失误，在指导思想上犯了“左”的路线错误，导致很多社会主义建设中的正确思想和正确措施难以贯彻实施，甚至发生了“文化大革命”这样全局性、长时间的严重错误，给我们党的事业带来了极大的损害，给人民生活带来了极大的损害。在“文化大革命”这场灾难中，毛泽东同志当然要负主要责任，但正如邓小平所讲，我们其他人也有责任，也要负集体责任。邓小平在1980年8月两次回答意大利女记者法拉奇时讲到，毛主席的功绩是第一位的。他是中国共产党、中华人民共和国的主要缔造者，他为中国人民做的事情是不能抹杀的，他多次从危机中把党和国家挽救过来。没有毛主席，至少我们中国人民还要在黑暗中摸索更长的时间。毛泽东思想是我们党的指导思想。毛泽东思想主要是毛泽东同志的思想，但不是他一个人的创造，包括老一辈革命家都参与了毛泽东思想的建立和发展。毛泽东思想这个旗帜丢不得。丢掉了这个旗帜，实际上就否定了我们党的光辉历史。总的来说，我们党的历史还是光辉的历史。虽然我们党在历史上，包括新中国成立以后的30年中，犯过一些大错误，甚至犯过搞“文化大革命”这样的大错误，但是我们党终究把革命搞成功了。中国在世界上的地位，是在中华人民共和国成立以后才大大提高的。只有中华人民共和国的成立，才使我们这个人口占世界总人口近四分之一的大国，在世界上站起来，而且站住了。还是毛泽东同志那句话：中国人民从此站起来了。国内的人民也罢，国外的华侨也罢，对这点都有亲身感受。没有中国共产党，不进行新民主主义革命和社会主义革命，不建立社会主义制度，今天我们的国家还会是旧中国的样子。我们能够取得现在这样的成就，都是同中国共产党的领导、同毛泽东同志的领导分不开的。

在回答毛泽东的错误同林彪、“四人帮”的区别问题时，邓小平说：毛主席晚年有些不健康的因素、不健康的思想逐渐露头，主要是一些“左”的思想。错误是从20世纪50年代后期开始的，他在生前没有把过去良好的作风，比如说民主集中制、群众路线，很好地贯彻下去，没有制定也没有形成良好的制度，以致最后导致了“文化大革命”。毛主席犯的是政治错误，这个错误不算小。另一方面，错误地被林彪、“四人帮”这两个反革命集团利用了。他们的目的是阴谋夺权。所以要区别毛主席的错误同林彪、“四人帮”的罪行。毛主席的错误是第二位的，我们要实事求是地讲他后期的错误。我们还要继续坚持毛泽东思想。

习近平总书记也讲，“对历史人物的评价，应该放在其所处时代和社会的历史条件下去分析，不能离开对历史条件、历史过程的全面认识和对历史规律的科学把握，不能忽略历史必然性和历史偶然性的关系。不能把历史顺境中的成功简单归功于个人，也不能把历史逆境中的挫折简单归咎于个人。不能用今天的时代条件、发展水平、认识水平去衡量和要求前人，不能苛求前人干出只有后人才能干出的业绩来”①。这是正确认识和对待毛泽东同志晚年错误应该持有的科学态度和方法。

毛泽东同志等老一辈无产阶级革命家开辟的社会主义事业，尽管经历了曲折和失误，但不能就此一概否定它。我们党在建设社会主义实践中，进行的是一个前无古人的全新事业，因此，也是一个不断探索创新的事业，我们既要学习借鉴苏联社会主义发展模式的经验教训，也要不断总结自己社会主义建设的经验教训。在学习苏联模式和自己探索实践两者的结合上，难免有这样那样的问题和矛盾，但总的看，应该是承前启后、继往开来的实践发展过程，而不是互相否定、另搞一套、孤立发展的过程。所以，我们在对社会主义理论和模式的承前启后的学习实践中，在对社会主义建设的认识不断提高和深化的过程中，也取得了许多独创性理论成果和巨大的成就，这些极其宝贵的成果，为新的历史时期开创中国特色社会主义提供了宝贵经验、理论准备和物质基础。

三　改革开放——建设中国特色社会主义

改革开放，建设中国特色社会主义，是中国社会主义发展历程

① 《学习习近平总书记重要讲话》增订本，人民出版社2014年版，第114—115页。

中的重要阶段，也是我们党对社会主义的认识取得新进展新突破的阶段。在这样一个新的历史时期，在新的历史方位，我们党对社会主义的本质认识取得了突破性的创新，提出了一系列对社会主义认识的新思想新论断，形成了马克思主义中国化的又一最新理论成果，即中国特色社会主义理论体系。它包括邓小平理论、“三个代表”重要思想、科学发展观，它同马克思列宁主义、毛泽东思想是一脉相承的，是坚持、发展和继承、创新的关系。在这一阶段，社会主义建设取得了辉煌成就，形成了社会主义的道路自信、理论自信和制度自信。

建设中国特色社会主义这一命题，是邓小平同志首先提出来的。它是基于对社会主义建设实践的探索和再认识的条件下，围绕什么是社会主义，怎样建设社会主义这个根本性问题，所得出的正确观点和结论。它为开创中国特色社会主义发展新阶段提供了理论支持和政治路线保证。

邓小平（1904 年 8 月 22 日—1997 年 2 月 19 日），四川广安县人，伟大的无产阶级革命家、政治家、军事家、外交家，中华人民共和国开国元勋之一，中国共产党第二代领导核心，马克思主义者，同时也是中国人民解放军、中华人民共和国的主要领导人之一。他是中国特色社会主义道路的开创者，是邓小平理论的主要创立者，他所倡导的“改革开放”及“一国两制”政策理念，改变了 20 世纪后期的中国，也影响了世界，因此在 1978 年和 1985 年，曾两次当选美国《时代》周刊“年度风云人物”，也因此被称为中国社会主义改革开放和现代化建设的“总设计师”。

粉碎“四人帮”后，特别是党的十一届三中全会以来，以邓小平同志为核心的党的第二代中央领导集体，重新确立了解放思想、实事求是的思想路线，彻底否定了以“阶级斗争为纲”的错误理论和错误实践，以极大的政治勇气和理论勇气提出了要进行改革开放，建设中国特色社会主义的大主题。明确提出要搞清楚什么是社会主义，怎样建设社会主义的这个根本性的重大理论和实际问题。经过实践探索，邓小平同志第一次比较系统地初步回答了在中国这样一个经济文化比较落后的国家如何建设社会主义、如何巩固和发展社会主义的一系列基本问题，用新的思想观点继承和发展了马克思主义，开拓了马克思主义的新境界，把对马克思主义的认识，把对中国社会主义的认识提高到了新水平新阶段，创立了邓小平理论，成功开创了中国特色社会主义发展道路。

党的十三届四中全会以后，以江泽民同志为核心的党的第三代中央领导集体，在苏联解体、东欧剧变和国内外形势十分复杂的情况下，在世界社会主义出现严重挫折的严峻考验面前，勇敢地坚守和捍卫中国特色社会主义。依据新形势新任务和新的实践，在党的思想路线上，坚持与时俱进，确立了党的基本纲领、基本经验，确立了社会主义市场经济体制的改革目标和基本框架，确立了社会主义初级阶段的基本经济制度和分配制度，开创了全面改革开放的新局面。围绕建设一个什么样的党，怎样建设党的问题，推进了党的建设新的伟大工程，创立了“三个代表”重要思想，成功地把中国特色社会主义推向21世纪。

新世纪新阶段，以胡锦涛同志为总书记的党中央，紧紧抓住发展的重要战略机遇期，在党的思想路线上，坚持求真务实，在全面建设小康社会的进程中，围绕建设一个什么样社会的奋斗目标，提出了建设社会主义和谐社会的奋斗目标；围绕实现什么样的发展、怎样发展等重大问题，提出了科学发展观，把我们对中国特色社会主义规律的认识提高到一个新的水平，开辟了当代中国马克思主义发展的新境界。在全面建设小康社会的发展进程中，大力推进实践创新、理论创新、制度创新，强调以人为本、全面协调可持续发展，提出了构建社会主义和谐社会、加快生态文明建设，形成了中国特色社会主义事业的总体布局，着力保障和改善民生，促进社会公平正义，推动建设和谐世界、和谐社会目标，推进党的执政能力建设和先进性建设，成功地在新的历史起点上坚持和发展了中国特色社会主义。

今天，以习近平同志为总书记的党中央，围绕实现中国梦的伟大奋斗目标，坚定不移地高举中国特色社会主义伟大旗帜，正满怀信心地带领全党全国各族人民投身建设中国特色社会主义。在党的建设上，围绕“为民、务实、清廉”这个主题，提出了从严治党、依法治国、不断提高党的建设科学化水平的奋斗目标。一年多来，通过开展党的群众路线教育实践活动，党的建设抓出了成效，极大地增强了党的凝聚力、影响力、战斗力，各级党组织和广大共产党员正意气风发、斗志昂扬地奋斗在各条战线上，我们在不断地创造着、书写着中国奇迹、中国力量和中国超越的伟大历史，在全面建成小康社会、推进社会主义现代化、实现中华民族伟大复兴中国梦的奋斗过程中，我们党正锐意改革、艰苦奋斗、不断创新，向着夺取全面建成小康社会的新目标和中国特色社会主义的新胜利而奋斗。

四　理清思路——正确认识中国社会主义发展的两个30年

改革开放30多年来，我们取得了举世瞩目的发展成就，它逼得我们的对手和敌人也不得不发出慨叹和羡慕之情。怎样看待取得的这些成就，怎样看待改革开放前后中国社会主义发展的两个30年的历史？对于我们正确认识党的历史、正确评价社会主义事业、正确对待改革开放，坚持走中国特色社会主义的发展道路，都具有重要的现实意义。

对于改革开放前后30年的两个历史发展时期的认识，有些人以及社会上的一些舆论还存在着模糊观念和错误认识。有人讲，改革开放30多年，我们取得了巨大的成就，这是改革开放前30年所没有的，因此，用改革开放30多年的发展成就和发展历史来否定改革开放前30年的发展历史；也有人认为，改革开放以来，我们虽然取得了巨大的成绩，但也面临许多新的矛盾和新的问题，甚至认为我们走的不是社会主义道路，走的是变相的资本主义道路。因此，有人怀念改革开放前30年的发展历史，而否定改革开放后30年的发展历史。

社会上的一些舆论也说，中国改革开放就是走资本主义，就是资本社会主义、国家资本主义和新官僚资本主义等等，对于这些模糊的和错误的思想认识，如果任其发展泛滥而不回应，就会影响社会公众的视听和价值判断，就会损害中国特色社会主义事业，那将是十分危险的事情。因此，我们必须给予正面积极地回应和回答，理清思路，以澄清并消除这些模糊的和错误的认识带来的消极负面影响。

怎样认识这样一个重大的社会历史问题，还是需要从马克思主义哲学观、历史观的高度来分析认识并作出正确的判断评价。

第一，正确认识改革开放前后30年的两个发展历史时期相互关系：改革开放前后30年社会主义发展的历史是一脉相承的、互相借鉴的历史，而不是互相排斥、互相否定的历史。

马克思主义哲学认为，世界上的事物都是联系和发展的，联系和发展是辩证法的总特征。联系和发展具有普遍性和多样性，这种联系还包括了本质的联系和非本质的联系等特征。社会主义作为一个新生事物，在其发展过程中，由于受主客观条件的影响，必然表现这样或那样的发展形式和发展特征，但其在发展的本质上是相互联系的、是一致的、不变的，也就是说，都是建设社会主义的发展道路，这就是社会主义发展过程中质的规定性所决定的。拿改革开放前后30年社会主义的发展历史来看，它们是相互联系、一脉相承的关系，虽然它们在建设社会主义的思想指导、方针政策、实际工作上有很大区别，发展重点和模式上有不同的发展形式和发展特征，但两者之间不是彼此割裂、互相对立的关系，在其本质上都是对社会主义建设道路的实践探索，都是中国特色社会主义道路的探索实践。改革开放的前30年，尽管我们经历了“文化大革命”那样的历史性悲剧，但我们党在进行社会主义改造、确立社会主义基本制度方面，成功实现了中国历史上最深刻、最复杂、最伟大的社会变革，为当代中国一切的发展进步奠定了根本政治前提和制度基础。以毛泽东同志为核心的第一代中央领导集体，在社会主义建设中取得的独创性理论成果和巨大发展成就，也为新的历史时期改革开放和开创中国特色社会主义道路提供了宝贵经验、理论准备和物质基础。而改革开放的 30 年，正是借鉴了改革开放前 30 年的发展经验和教训，正是在对这一时期所形成的一些正确的东西加以坚守、坚持和改革发展，才开创了中国特色社会主义新局面。所以，没有改革开放前 30 年发展积累的经验教训，也就没有改革开放的顺利进行；同样，没有改革开放，继续走改革开放前 30 年僵化的老路，那社会主义就会爆发危机，就不会有今天这样的大好局面。

第二，正确认识改革开放的 30 年：改革开放的 30 年，绝不是像有人说的那样，是变相走资本主义、走国家资本主义道路的 30 年，而是坚持社会主义的 30 年，走中国特色社会主义道路的 30 年。

改革开放的 30 年，我们在以邓小平同志为核心的党的第二代中央领导集体领导下，重新确立了解放思想、实事求是的思想路线，彻底否定了以“阶级斗争为纲”的错误理论和错误实践，以极大的政治勇气和理论勇气提出了要进行改革开放，建设中国特色社会主义的大主题。明确提出要搞清楚什么是社会主义，怎样建设社会主义的这个根本性的重大理论和实际问题。经过实践探索，邓小平同志第一次比较系统地初步回答了在中国这样一个经济文化比较落后的国家如何建设社会主义、如何巩固和发展社会主义的一系列基本问题，用新的思想观点继承和发展了马克思主义，开拓了马克思主义的新境界，把对马克思主义的认识、把对中国社会主义的认识提高到了新水平新阶段，创立了邓小平理论，成功开创了中国特色社会主义发展道路。

以江泽民同志为总书记的党中央，继承和发展了改革开放以来制定的党的路线、方针、政策，在世界社会主义出现严重挫折的严峻考验面前，勇敢地坚守和捍卫中国特色社会主义，实现了经济总量翻两番的小康社会的奋斗目标。在推进党的建设新的伟大工程过程中，创立了“三个代表”重要思想，成功地把中国特色社会主义推向21世纪。

进入21世纪，以胡锦涛同志为总书记的党中央，紧紧抓住发展的重要战略机遇期，在党的思想路线上，坚持求真务实，在全面建设小康社会的进程中，围绕建设一个什么样社会的奋斗目标，提出了建设社会主义和谐社会的奋斗目标，人民群众过上了更加富裕更加幸福的生活；围绕实现什么样的发展、怎样发展等重大问题，提出了科学发展观，把我们对中国特色社会主义规律的认识提高到一个新的水平，开辟了当代中国马克思主义发展的新境界，成功在新的历史起点上坚持和发展了中国特色社会主义。

今天，以习近平同志为总书记的党中央，围绕实现中国梦的伟大奋斗目标，坚定不移地高举中国特色社会主义伟大旗帜，正满怀信心地带领全党全国各族人民投身建设中国特色社会主义，在不断地创造着、书写着中国奇迹、中国力量和中国超越的伟大历史，向着夺取全面建成小康社会的新目标和中国特色社会主义的新胜利而奋斗。

第三，正确认识社会主义的60年。它不仅是一个历史认识问题，更是一个政治态度和政治选择问题；中国社会主义的60年走的是社会主义，而不是其他什么主义。

党的十八大报告指出：“在改革开放三十多年一以贯之的接力探索中，我们坚定不移高举中国特色社会主义伟大旗帜，既不走封闭僵化的老路、也不走改旗易帜的邪路。中国特色社会主义道路，中国特色社会主义理论体系，中国特色社会主义制度，是党和人民九十多年奋斗、创造、积累的根本成就，必须倍加珍惜、始终坚持、不断发展。”习近平总书记在纪念毛泽东同志诞辰120周年座谈会上也指出，“一切向前走，都不能忘记走过的路；走得再远、走到再光辉的未来，也不能忘记走过的过去。”社会主义60年的发展历史，是一个不平凡的历史；是一个不断探索、不断实践、不断总结经验和不断克服困难、克服错误东西的历史；是有过重大错误、也是取得了巨大成就的历史。从社会发展的主流和本质上看，社会主义60年是值得肯定、值得赞扬的发展史。从社会主义60年的发展实践上看，它也是历史发展的必然选择、是人民群众愿望和期盼的必然选择。

那些否定历史、漠视历史现实的思想观念和做法，是历史虚无主义、否定历史一切的世界观、价值观的反映，他们不是别有用心、就是患上了不顾中国实际的“政治近视眼”和“社会夜盲症”。

近些年来，一些国内外的敌对势力往往拿中国革命史和新中国发展历史的一些事件说事、做文章，以此来攻击、丑化、污蔑我们的社会主义制度，达到搞乱人心、颠覆社会主义制度的目的。苏联解体、苏共垮台，就是在否定苏联历史、否定苏共历史中，在否定列宁、否定斯大林的历史中完成的。历史的教训不能忘记。

五　警钟长鸣——把握好新时期社会主义面临的新的伟大斗争

党的十八大报告指出，“发展中国特色社会主义是一项长期的艰巨的历史任务，必须准备进行具有许多新的历史特点的伟大斗争”。并在党的十八大报告中的主题思想中明确地对全体党员干部的精神状态提出了新的要求。即“解放思想，改革开放，凝聚力量，攻坚克难”。这是基于国内、国际两个大局的新形势新背景，是基于我们这个有着90多年发展历史、8600多万党员的老党、大党面临的新任务新挑战，对全党提出的郑重提醒和重大提示。

为此，我们要在以下四个方面，即斗争的时代背景、斗争的主要形式、斗争面临的新特点以及我们的战略选择与对策等方面加以研究和关注，以便更好地应对挑战，搞好我们中国特色社会主义建设。

1. 我们的时代背景：就是世情、国情、党情发生深刻变化，我们面临的发展机遇和风险挑战前所未有，因此，要准确把握国内国外的两个发展大局。只有把握好国内国外发展的两个大局，准确把握我国发展的阶段性特征，并以此为依据来进行我们的中国特色社会主义建设，就能够未雨绸缪、心中有数，做到打好有把握之仗

从国内大局看，改革开放30多年我们成就辉煌，同时我们也要清醒地看到，我们的工作还存在许多不足，同人民群众的期待还有不小差距，发展起来后的问题不比以前少，会更多更复杂，前进道路上还面临不少困难和问题。这些困难和问题是我国发展的阶段性特征的一个方面的集中体现，如果应对得当，我们就能跨上更高的发展平台。如果应对不当，我们就可能面临更大困难，甚至会造成经济徘徊不前和社会动荡不安。就党内而言，长期执政给我们带来了“四大考验”和“四种危险”。“四大考验”是：执政考验、改革开放考验、市场经济考验、外部环境考验；面临的“四种危险”是：精神懈怠危险、能力不足危险、脱离群众危险、消极腐败危险。对于这些考验和危险，我们都不可掉以轻心。

我们要牢牢汲取苏联解体、东欧剧变的历史经验教训，苏共在拥有20万党员时夺取了政权；在拥有200万党员时团结一心打败了不可一世的希特勒法西斯政权，取得了卫国战争的伟大胜利；而在拥有2000万党员时却丢失了政权、亡党亡国，这是多么惨痛的历史教训呀！因此，不断加强党的建设，始终保持党的先进性、纯洁性，既是历史赋予的光荣使命，也是建设中国特色社会主义、实现中国梦奋斗目标的必然选择。

从国际大局看，综合国力竞争仍然空前激烈，但和平与发展仍是时代主题，世界力量对比有利于保持国际形势总体稳定，同时世界格局进入深度调整期，国际政治经济秩序发生深刻变革，国际力量对比发生新的分化组合，新旧矛盾相互叠加，新旧力量相互博弈，传统安全威胁和非传统安全威胁相互交织，世界政治、经济、社会等领域不稳定不确定因素明显增多。目前，我们作为后起的发

展中国家，世界第二大经济体，发展形势越来越好，使得一些传统大国强国会感到不适应、不甘心和不舒服，它们会以各种理由、方式制造出“中国威胁论”来扰乱视听，干扰我们的发展建设；它们也会明里暗里防范我们，甚至制造一些事件事端来联合起来打压我们。到此，我们不能麻木不仁、熟视无睹。

2. 当前斗争的主要形式：从国内看，主要集中在政治经济领域的反腐败斗争、文化领域的网络斗争和社会领域的反民族分裂主义反极端主义势力的斗争；从国际看，是政治上的反霸权主义斗争，经济上的争夺资源、争夺市场的斗争，文化上的意识形态领域斗争和国际上的反极端主义势力斗争

国内方面看：

反腐败斗争。腐败是社会发展的毒瘤，它不仅影响我们的经济发展，还威胁到我们党执政地位和执政水平的重大政治问题。随着社会的发展，在一些领域和部门，腐败呈现出多发易发的特点，严重干扰了社会主义建设的健康发展，严重影响了人民群众的积极性，极大地败坏了我们党和政府的形象，必须予以坚决斗争打击。一年多来，以习近平为总书记的党中央，高举反腐败大旗，采取了积极有效的反腐败措施，“老虎”“苍蝇”一起打，取得了非常显著的成效，赢得了广大人民群众的拥护。但是，也要看到，腐败问题产生的原因是复杂的，反腐败的斗争也是复杂的、长期性的，我们要有打持久战的准备。特别是随着改革开放的不断深入，随着各种利益关系的不断调整，腐败分子暗中的反抗和抵触会更加激烈，因此，反腐败的形势也会越来越严峻，反腐败的斗争也会更加激烈。

网络斗争。虚拟的网络本来是人们进行学习、科研和交流的有效方法和途径，是提高人们素质、丰富人们生活的重要渠道。但是，随着互联网技术的发展，随着互联网网民的增加，一些不健康的东西也散布在网上，如传播谣言、制造事端、编辑假新闻、进行招摇撞骗等屡屡发生，严重干扰了社会正常秩序，破坏了安定团结

的大好局面。甚至国内国际上的一些反动势力，也利用网络空间，进行污蔑社会主义制度、颠覆社会主义制度的政治宣传，搞破坏社会秩序的极端活动等等，对于这些网络天使与网络魔鬼的较量斗争，今后还会继续进行下去，斗争的形式也会更加多样、巧妙和隐蔽。

反民族分裂主义反极端主义势力的斗争。近年以来，国内的一些民族分裂主义势力和极端主义势力与国际上的极端主义势力相勾结，打着宗教信仰自由的口号，却干着反党反社会主义与分裂国家的事情，他们杀人放火、制造恐怖活动，给社会生活带来极大的不安定因素，严重影响了人民群众的正常生活秩序，是当前威胁我们国家安全和社会安定的一个主要反动势力。尽管几年来，我们加大了打击力度，采取了一系列的防范措施，但仍然不可掉以轻心，反民族分裂主义反极端主义势力的斗争将是长期的、艰巨的任务。

国际方面看：

反霸权主义斗争。苏联解体后，出现了多极发展的世界格局，但以美国为代表的霸权主义势力仍然存在，它们仍然抱着“冷战”思维，对世界各国指手画脚，它们打着自由、人权、民主的旗号，在经济、政治、文化、军事等各个方面对其他国家进行影响和施加干预，以达到其称霸世界主宰世界的目的。进入21世纪以来，在以美国为主导的霸权主义势力影响下，通过科索沃战争、阿富汗战争、伊拉克战争、利比亚内战等形式，美国的军事战争机器确实发挥了作用，但美国式的民主作用效果发挥得却不怎么好，它不但没有发挥出应有的积极作用和效果，还给世界带来了更多不确定因素和不安定因素，世界变得更加不平静、不安宁，大小规模的战争和恐怖袭击连绵不断，目前，叙利亚、利比亚、乌克兰等国家，内战不停、内乱不断，还有愈演愈烈的局面，一些极端主义组织和势力不断挑起民族冲突和民族仇恨，每天都有自杀、袭击等恐怖主义事件发生，致使许多国家和地区受到牵连和影响，这就是美国主导的民主带来的实际结果。

有霸权就有反霸权，随着一些新兴发展体国家的出现，随着世界地缘政治的发展演变，世界多极化发展趋势明显，美国单边的霸权主义势力面临严峻的挑战，美国到处插手的新干预主义政策不仅没有给他们带来他们要的预想的结果，反而给世界带来更多的麻烦和不安定因素，美国是如今世界矛盾激烈冲突和地区不安宁状况的始作俑者和罪魁祸首。因此，在有限的市场、土地、资源的情况下，在竞争实力不均衡、不对称且不断变化的情况下，一场没有硝烟的霸权主义与反霸权主义的斗争便以各种形式蓬蓬勃勃地开展起来。中国作为一个后起的发展中国家，如何面对这样一种发展的态势，打赢这场没有硝烟的战争，是一个新的考验和新的课题。

争夺资源、争夺市场的斗争。世界的资源是有限的，争夺资源的竞争和斗争是各国竞争的重要形式之一，尤其是随着世界经济的发展对资源需求量的不断增大，这种竞争会更加激烈，甚至会演变为一场战争的形式。如过去中东的石油资源引发的中东石油战争、伊拉克战争等，对我国而言，由于广阔的南海资源，引发我们周边的一些国家对我们进行的挑衅和领土争端，一些大国也趁机介入和进行挑拨离间，以图浑水摸鱼捞取好处。如南海问题和钓鱼岛问题等，对此，我们要高度重视，认识到围绕领土争端进行斗争的长期性、复杂性，做到依法、合情、合理地予以回应。

在争夺市场方面，我们面临的形势也是严峻的。我国是发展中国家，目前已经成为世界上最有活力和最大的市场，这对以往的市场格局是个冲击挑战，这就必然带来一些新的问题和矛盾；另外，随着我国经济发展规模的不断壮大，随着我国海外业务贸易的拓展，随着海上丝绸之路和陆上丝绸之路的“一带一路”发展战略的实施，我们也需要不断开拓新的市场、扩大市场空间，这都会带来一系列新的问题和挑战，我们必须做到未雨绸缪，在世界市场竞争中立于不败之地。

意识形态领域斗争。帝国主义的本性决定，它永远不会放弃对我们社会主义进行意识形态方面的斗争，而且，随着时代发展和形势的变化，这种斗争的内容与形式也会越来越呈现多样化、隐蔽化和智能化，它们会通过技术的、文化的、网络的和不可预知的一切形式，来对我们施加影响和进行渗透，以动摇、麻痹、扰乱我们的思想意识和行为方式，进而达到颠覆我们社会主义制度的目的。

目前，西方的意识形态和民主发展形势也面临极大的困境和挑战，新闻自由、事实真相也染上了各种利益集团的色彩，正如台湾媒体人南方朔讲的那样，媒体不但没有促进民主的发展，反而扮演倒退、激化矛盾的角色，不断煽风点火。媒体失去公正身份，开始为利益集团摇旗呐喊，充当角色和代言人；在民主的诉求上，也是私利取代公利、私权侵犯公权和代替公权。如泰国的红衫军和黄衫军这所谓的两个民主阵营，就分别扮演了私权侵犯公权、私权代替公权的角色，就是他们的每一次游行示威都可以改变推翻法律公权制定的东西，结果就是，导致了泰国政府走马灯式的轮换局面。美国的法律和自由也是一样，最近发生的白人警察枪击黑人的法庭审判事件的结果，导致了美国大规模的示威游行，就是典型的美国式民主和人权的本质和体现。因此，在如今的世界上，在意识形态领域方面，西方的民主、自由、法律等也在遭受挑战，它们也在千方百计地进行辩解挣扎，甚至回过头来对我们的社会制度指手画脚，以此来转移人们的视线，我们不能掉以轻心。

反极端主义势力斗争。目前，极端主义势力已经成为一种威胁世界和平的公害，它是一切恐怖活动的总根源，它给世界和人民带来的灾难罄竹难书，打击一切极端主义势力和恐怖活动，是世界爱好和平人民的愿望和期盼。在国际反极端主义势力和反恐怖活动的斗争中，以美国为代表的一些西方国家，搞双重标准、双重目标，造成了世界上极端主义势力和恐怖活动总是屡打不竭，死灰复燃，给国际社会不断制造新的麻烦。因此，要杜绝这种现象，就要反对搞双重标准、双重目标，世界上爱好和平的国家和力量，要联合起来发出一个声音、表达一种态度，这样才能使极端主义势力和恐怖活动人人喊打、无处藏身。

3. 新的伟大斗争的新特点：呈现多样性、全面性、战略性和隐蔽性

多样性与全面性：表现为既有国内的也有国际的；既有党内的，也有党外的；既有经济政治的，也有文化社会方面的；既有表面的敌对势力，也有暗中的无形挑战；既有和平的方式，也有恐怖暴力的形式。在斗争的途径载体上，表现的也是五花八门、多种多样、非常全面，表现为资源争夺、市场竞争、货币战争、网络渗透和意识形态较量等。

战略性和隐蔽性：西方敌对势力亡我之心不死，从未放弃西化分化我们中国的图谋。早在新中国成立初期，就制定了“和平演变”社会主义的大战略，他们要把战场上得不到的东西，通过“和平演变”的方式得到，他们把“和平演变”的希望寄托在了我们党的第三代、第四代人身上，这些所谓不战而胜的“和平演变”战略伴随我们的社会主义事业实施了60多年，仍然没有达到他们的目的，他们是不甘心的，会以更加大胆周密的计划和更加隐蔽的方式，对我们实施影响和渗透。在经济方面，会以强大的经济实力演示西方标准，展示西方经济的魅力；在政治方面，以自由、人权、民主为突破口，大肆宣传美化西方资本主义制度，展示资本主义的自由美好；在文化方面，打着文明文化的旗号，以娱乐交流的形式，传播西方社会主流思潮和价值观，再加上配以高科技的传播手段和形式，吸引我们年轻一代的眼球，腐蚀我们年轻一代的思想信仰。他们甚至采用学习班、培训会等所谓文化交流形式，以基金会、社会组织的名义，进行所谓学术探讨交流，宣传他们的价值观，进而模糊我们一些人的判断力和鉴别力，动摇我们的世界观、人生观，以达到他们否定我们历史、否定社会主义、否定中国共产党领导的目的。

4. 我们的战略选择和对策

总的来看，我们中国要走和平崛起的发展道路，这是人类文明的光明大道，也是一条具有世界历史意义的新型发展战略。

中国崛起是综合国力的崛起，是全面发展的现代化，是中华民族的伟大复兴。中国崛起，不仅不会威胁世界的安全，而且会给世界带来和平发展的环境，这既是中国政府的承诺，也是爱好和平的中国人民的历史选择。

中国崛起会极大地激发和鼓舞中国人民建设中国特色社会主义的士气和斗志，会增强人们对社会主义的道路自信、理论自信和制度自信，会有效地抵御各种各样来自敌对势力的诋毁攻击和挑战，不断把中国特色社会主义事业推向前进，为人类及世界和平做出贡献。

历史上的大国崛起，有的伴随战争、有的伴随机遇。伴随战争，导致的是冒险和失败的悲剧，如“二战”中的日本、德国，它们妄图通过推行帝国主义与法西斯主义办法，通过战争手段来解决它们的所谓困境和生存空间，达到称霸世界的目的，结果是一败涂地。依靠机遇，则比较幸运和顺利平稳。如地理大发现后的英国、工业革命后的美国，走的都是依靠机遇发展的道路，当然，这其中也伴随着一些殖民主义的侵略和战争，但总的看，是依靠历史发展提供的机遇。

现在该是轮到中国了，中国正在崛起，中国崛起是一个历史发展的必然趋势和选择，中国将如何选择呢？显然，我们不能走战争的道路，不能走霸权主义的道路，而将是利用好时代提供的机遇，发展自己，实现和平崛起。

发展与崛起不同，发展仅仅表现为与自己过去相比的进步，是量的增长，发展不代表崛起；而崛起是发展，是比发展更有意义的内涵，它代表着跨越、超越，代表着比其他国家有更快的发展，代表着我们综合国力的上升和在世界位次的排名，是一个大国向强国迈进的开始和标志。新中国成立60年多来，特别是改革开放30多年来，我们的经济发展取得了举世瞩目的成就，我们由一个过去经济比较落后、发展水平和位置都非常靠后的国家，发展成为目前的世界第一大贸易国和世界第二大经济体，实现了我们的和平崛起。

今天，我们和平崛起的步伐越来越快，我们赶超的目标越来越近，已经引起世界的关注。尽管世界上有这样那样的不同声音和看法，有“中国威胁论”之说，但我们国家走和平崛起发展道路这个大目标、大方针、大战略是不可改变的，这是人民的期待，也是我们国家发展的大趋势。那么，我们将怎样确保和平崛起目标和战略的实现呢？我们要在以下几方面作出努力：

第一，政治负责，做负责任敢担当的政治大国。我国是联合国安理会五个常任理事国之一，随着我国综合国力的提高，随着我们国际地位的日益提升，我们具有越来越强大的政治影响力和感召力，我们在国际事务中应当发挥其与自身国家地位相适应的积极作用，以应对国际社会越来越变化的形势和越来越复杂局面的挑战，为实现我们的中国梦、为世界和平发展事业做出我们应有的贡献。现在的世界并不安宁太平，霸权主义、强权政治仍然存在，一些地区的极端主义势力、恐怖活动还在时刻地威胁着世界的和平发展目标和国际政治经济秩序，世界还面临诸多不确定的因素，所以，世界各国联合起来，以“和平共处五项原则”为准则，向世界发出强有力的声音，就有利于反对霸权主义、强权政治，就有利于打击极端主义势力和恐怖活动，还世界一份和平安宁的生活秩序，就有利于为我国的和平崛起创造出一个和平有利的国际环境。

为此，一是，我们继续与美国这个头号大国搞好关系，中美关系是我国重要的外交关系，它既关系到世界和平，也关系到中国现代化发展和我们国家统一、国家安全等重大核心利益。因此，我们既要注意中美间的矛盾分歧，又要注意中美的合作沟通，共同维护好中美关系良好发展的大局。

二是，实施外交中的准结盟战略。改革开放 30 多年来，我们一直采取独立自主的不结盟政策，也取得了积极的成效。随着形势的发展，我们提出准结盟政策，它是一种防御性的措施，特点是它可进可退，进指特殊情况下发展为结盟关系，退指不受结盟关系的约束。如上海合作组织、中俄合作伙伴关系等。准结盟关系的好处是：有利于维护国家安全、维护世界和平和平衡世界政治力量。

三是，在国际事务中继续发挥我们应有的大国作用，推动建立长期稳定健康发展的新型国家关系，支持扩大发展中国家在国际事务中的代表性和发言权。支持联合国、二十国集团、上海合作组织、金砖国家等发挥积极作用，推动国际秩序和国际体系向着公正合理的方向发展。

第二，在文化交流中传播平等互信、包容互鉴、合作共赢的精神，实现中国文化的崛起，建设一个美丽和谐的世界。和平崛起应当是全面的、全方位的，仅有经济的崛起是不够的。从文化上讲，文化崛起是中国整体崛起的重要方面，并不亚于经济上的崛起。文化、经济、政治是互相联系、相互作用，是不可分割的有机统一。我们要用社会主义核心价值观统领文化建设，要充分利用文化的特殊力量，引导人们的思想，把国家的文化实力做大做强，为中国现代化建设提供强大的精神动力和智力支持，实现中国在文化上的崛起。

2007 年 2 月 10 日，军事科学院前副院长李际均将军在《瞭望新闻周刊》发表文章，对一些历史教科书中弱化革命和否定历史的做法表示批评，提出了要振兴国魂、军魂。这是非常重要的提示。历史教科书是历史的记忆，是继续前进的借鉴和精神力量，列宁讲，忘记历史就意味着背叛。今天，我们都生活在历史中，今天也会成为明天的历史，没有今天就没有明天，没有历史就没有记忆和根基。一个西方学者讲，记忆是斗争的重要因素之一，谁控制了人们的记忆，谁就控制了人们行为的脉动。因此，尊重历史、尊重历史文化，就是打造发展之基、强盛之基和振兴之基。我们要通过文化崛起推动中国的和平崛起，为中华民族的伟大复兴贡献力量。

第三，要树立大国风范、大国气概。中国的和平崛起，也应该包括国民心态的崛起。中国要和平崛起，我们就应当有开放的、健康的、国际化的大国抱负、大国气概、大国意识和大国风范。具有大国抱负、大国气概、大国意识和大国风范，才能让我们虚怀若谷、有容乃大，从容直面当今世界各国各民族的思想文化，兼收并蓄，博采众长；才能让我们处变不惊、举重若轻，以平常的心态、开放的心态、向前看的心态，去逐一解决历史遗留问题和剪不断、理还乱的国际纠纷。即使是对干扰中国走和平崛起发展道路的杂音、噪音，我们也要具体分析、区别对待。无论如何，我们都要聚精会神搞建设、一心一意谋发展。

第四，搞好新时期国防和军队现代化建设，积极推进中国特色军事变革深入发展，努力建设与我国国际地位相称、与国家安全和发展利益相适应的巩固国防和强大军队。军队是执行政治任务的武装集团，在我国，人民军队是我国人民民主专政的坚强柱石，是保卫社会主义现代化建设捍卫国家利益的重要力量。

当前，国际形势正在发生新的深刻变化，面对和平、发展、合作的强烈要求与呼声，面对霸权主义、强权政治和新干涉主义带来的一些问题、热点和矛盾，面对世界的分裂主义、恐怖主义、极端主义势力活动猖獗的情况，面对我国周边安全形势日益复杂多变的现实，进一步加强我国的国防和军队建设，是非常必要的。党的十八大提出了努力建设与我国国际地位相称、与国家安全和发展利益相适应的巩固国防和强大军队的战略任务。这一任务的内涵是：军队既要保卫传统的领土领海领空安全，还要保护海洋、太空、网络电磁空间等新型安全领域的安全；军队要维护国家安全利益，也要维护国家发展利益，做到国家利益延伸到哪里，军事力量就要到达哪里；军队不仅维护自己国家的安全，还要维护国际和地区的安全和稳定，为国际和地区提供公共安全。

几十年来，中国军队的现代化建设一直在不断发展，军队在未来的发展中，必须把“军事现代化建设”和“军事崛起”区分开来，“军事现代化建设”是一个国家根据当前的经济技术水平而对军事的一种正常投入，而“军事崛起”则是一个国家把整个国家的经济和技术不成比例地向军事倾斜，德国、日本和“冷战”时期的苏联都是这种“军事崛起”的表现，从事毫无止境的军备竞赛更是“军事崛起”的一大特征。中国要的是军事现代化，而不是所谓的“军事崛起”。我们未来就是要把军队建设成为一支能适应不断变化的国际形势与安全环境、能面对各种新的威胁和挑战、能快速进行各种军事行动、能打赢未来信息化战争的新型人民军队，使之真正成为中国和平崛起的有力保证。

今天，在以习近平为总书记的党中央领导下，我国的国防和军队建设迈开了新步伐，围绕军队战斗力标准，以能打仗、打得赢、打胜仗为目标的军队革命化、现代化、正规化建设蓬勃开展，国防和军队建设进入了一个新的历史发展阶段。

总之，“和平崛起”在国际上已经成为中国的特殊符号和标签。中国的和平崛起就是要发展、就是要实现现代化、就是要实现中华民族的伟大复兴。回顾中国和平崛起发展道路所走过的近 30 年历程，可以看出，中国崛起与强权国家崛起的本质区别是：中国走和平崛起发展道路的战略思维是不称霸。这个“不称霸”，不仅仅包括中国自己不称霸，同时也包括中国反对任何人称霸。中国在崛起的过程中不称霸，不仅在国际上争取到相当长时期的和平环境，推动了世界的和平与发展；而且还保持了近 30 年的国内稳定，促进了中国的初步崛起。中国走和平崛起发展道路还需要很长的时间，还需要若干代中国人的锲而不舍、努力奋斗。因此，我们要继续高举不称霸的旗帜，不妨碍任何人、不威胁任何人、不牺牲任何人，用发展的事实排除外界的各种疑虑和干扰，坚定不移地走和平崛起的发展道路。

总而言之，我们党在改革开放和社会主义现代化建设中取得的成就是伟大的，但今后的路程更长，工作更伟大、更艰苦。即使到 2020 年全面建成了惠及十几亿人口的更高水平的小康社会，我国还是处在并且仍将相当长时期处在社会主义初级阶段。由此，正如党的十八大报告所要求的那样：既不妄自菲薄，也不妄自尊大，始终做到不动摇、不懈怠、不折腾，顽强奋斗、艰苦奋斗、不懈奋斗，我们就一定能在中国共产党成立一百年时全面建成小康社会；就一定能在新中国成立一百年时建成富强民主文明和谐的社会主义现代化国家。

下篇：伟大梦想与前景展望

我们已站在一个新的历史起点上，正在进行具有许多新的历史特点的伟大斗争。这样的新时代，向我们提出了许多新的重大理论与实践问题。能否把握这些时代问题并作出科学回答，考验执政党的理论勇气和实践智慧。党的十八大以来，以习近平为总书记的党中央把握时代和实践发展的新特点新要求，把握人民群众的新期盼，在许多重要会议、重要活动、重要场合发表了重要讲话。这一系列重要讲话，就如何坚持和发展中国特色社会主义、如何实现中华民族伟大复兴的中国梦等重大理论与实践问题，提出了许多富有创见的新思想、新观点、新论断、新要求，丰富发展了我们党的科学理论，进一步深化了我们党对中国特色社会主义规律和执政党建设规律的认识。中国特色社会主义是实现中国梦的理论基础和制度保障，中国梦是中国特色社会主义发展的必然要求和实践路径，是代表了中国共产党人和最广大人民群众的根本意愿和要求。

第五章　中华民族伟大复兴的光荣与梦想

党的十八大以来，习近平总书记提出并深刻阐述了实现中华民族伟大复兴的中国梦。中国梦向中国和世界展示了以习近平为总书记的党中央站在历史的新起点上，要把党、国家和民族建设好的坚强决心和坚定信心；中国梦反映了中国人民包括海内外同胞的共同愿景，凝聚了全国各族人民的最大共识，极大激发了中华儿女建设国家、振兴民族的热情。实现中国梦是一项光荣而艰巨的事业，只要我们坚持中国道路、弘扬中国精神、凝聚中国力量，承前启后、继往开来，朝着中华民族伟大复兴的目标奋勇前进，就能继续谱写出中华民族伟大复兴的光荣与梦想。

一　时代号角——中国梦的内涵解读和属性分析

（一）中国梦的概念提出与内容阐发

2012 年 11 月 29 日上午，中共中央总书记习近平带领新的中央政治局常委在北京国家博物馆观看了《复兴之路》展览。展览共分五大部分：中国沦为半殖民地半封建社会；探求救亡图存的道路；中国共产党肩负起民族独立人民解放的历史重任；建设社会主义新中国；走中国特色社会主义道路。展览气势宏大，充分展示了民族复兴的主题。在参观完《复兴之路》展览后，习近平总书记发表了重要讲话，表达了实现中华民族伟大复兴的坚定信心，也吹响了向中国梦目标奋进的时代号角。习近平指出："每个人都有理想和追求，都有自己的梦想。现在，大家都在讨论中国梦，我以为，实现中华民族伟大复兴，就是中华民族近代以来最伟大的梦想。""这个梦想，凝聚了几代中国人的夙愿，体现了中华民族和中国人民的整体利益，是每一个中华儿女的共同期盼。历史告诉我们，我们每个人的前途命运都和国家和民族的前途命运密切关联。国家好，民族好，大家才会好。实现中华民族伟大复兴是一项光荣而艰巨的事业，需要一代又一代中国人共同为之努力。空谈误国，实干兴邦。我们这一代共产党人一定要承前启后、继往开来，把我们的党建设好，团结全体中华儿女把我们的国家建设好，把我们的民族发展好，继续朝着中华民族伟大复兴的目标奋勇前进。"

他还指出："回首过去，全党同志必须牢记，落后就要挨打，发展才能自强。审视现在，全党同志必须牢记，道路决定命运，找到一条正确的道路多么不容易，我们必须坚定不移地走下去。展望未来，全党同志必须牢记，要把蓝图变为现实，还有很长的路要走，需要我们付出长期艰苦的努力。""现在，我们比历史上任何时期都更接近中华民族伟大复兴的目标，我们比历史上任何时期都更有信心、有能力实现这个目标。"

"我坚信，到中国共产党成立一百年时全面建成小康社会的目标一定能实现，到新中国成立一百年时建成富强民主文明和谐的社会主义现代化国家的目标一定能实现，中华民族伟大复兴的梦想一定能实现。"

2013年3月17日，新当选为国家主席的习近平在第十二届全国人民代表大会第一次会议闭幕会上又发表了重要讲话，更进一步阐发了中国梦的重大战略思想。他强调指出："实现全面建成小康社会、建成富强民主文明和谐的社会主义现代化国家的奋斗目标，实现中华民族伟大复兴的中国梦，就是要实现国家富强、民族振兴、人民幸福，既深深体现了今天中国人的理想，也深深反映了我们先人们不懈奋斗追求进步的光荣传统。"

“实现中国梦必须走中国道路。这就是中国特色社会主义道路。”

“实现中国梦必须弘扬中国精神。这就是以爱国主义为核心的民族精神，以改革创新为核心的时代精神。”

“实现中国梦必须凝聚中国力量。这就是中国各族人民大团结的力量。”

“中国梦是民族的梦，也是每个中国人的梦。只要我们紧密团结，万众一心，为实现共同梦想而奋斗，实现梦想的力量就无比强大，我们每个人为实现自己梦想的努力就拥有广阔的空间。生活在我们伟大祖国和伟大时代的中国人民，共同享有人生出彩的机会，共同享有梦想成真的机会，共同享有同祖国和时代一起成长与进步的机会。有梦想、有机会、有奋斗，一切美好的东西都能够创造出来。全国各族人民一定要牢记使命，心往一处想，劲往一处使，用13亿人的智慧和力量汇集起不可战胜的磅礴力量。”

“中国梦归根结底是人民的梦，必须紧紧依靠人民来实现，必须不断为人民造福。”

梦想承载希望，梦想成就未来，梦想是一个国家、民族奋然前行的精神动力。习近平总书记关于中国梦的这些论述，内容丰富、思想深刻，具体规划出国家富强、民族振兴、人民幸福的美好前景，为坚持和发展中国特色社会主义注入新的内涵和时代精神。中国梦生动形象地表达出全体中华儿女的共同理想、意愿和期盼，体现了以习近平为总书记的党中央的历史担当，体现了中华民族和中国人民的整体利益，成为海内外中华儿女的最大共识，成为激励全体人民团结奋进的高昂旋律和精神旗帜。

（二）中国梦的内涵解读

什么是中国梦，它的内涵是什么？这是我们要搞清楚的首要问题。习近平同志指出：“实现中华民族伟大复兴，是近代以来中国人民最伟大的梦想，我们称之为‘中国梦’。”“实现中华民族伟大复兴的中国梦，就是要实现国家富强、民族振兴、人民幸福。”“国家富强、民族振兴、人民幸福”三者共同构成了中国梦的基本内涵。它既是对中国梦具体内容的集中概括和总结，也是对中国人民在现代化进程中关于国家、社会、个人理想的集中展示；既是对近代中国发展的历史总结，更是对未来中国发展的科学展望和预测。中国梦，遵从“国家好，民族好，大家才会好”的内在逻辑，以实现国家富强、民族振兴、人民幸福为目标指向。因此，要把握好中国梦，既要有历史的回望、现实的观照，又要有未来的视角和全球视野。由此才能深切体会到，中国梦是国家的梦、民族的梦，归根结底是人民的梦；同时，追求和平、发展、合作、共赢的中国梦，不仅造福中国人民，也将造福世界各国人民。

1. 国家富强是中国梦的前提。中国梦所要实现的首要目标就是国家富强。它同社会主义核心价值观所倡导的“富强、民主、文明、和谐”总目标是一致的。虽然我国经过30多年的改革开放，经济社会获得了快速发展，GDP已超过日本成为世界第二大经济体，但我国处在社会主义初级阶段的基本国情没有变，人民日益增长的物质文化同落后的社会生产之间的主要矛盾没有变，我国是世界上最大发展中国家的情况没有变。面向未来，党的十八大指出，建设中国特色社会主义，把我国建设成为富强民主文明和谐的社会主义现代化国家，是当代中国最大的政治任务，是全党全国各族人民的理想和奋斗目标，并将这一总目标具体分解为“两个一百年”的目标。习近平总书记在阐述中国梦时对此进行了重申。第一个目标是到中国共产党成立一百年时全面建成小康社会；第二个目标是到新中国成立一百年时建成富强民主文明和谐的社会主义现代化国家。“两个一百年”的奋斗目标，具体描绘了中国特色社会主义的宏伟蓝图，成为实现中国梦的里程碑式的标志。可以说，中国梦的提出进一步强化了近代以来中华民族从传统向现代转型的自觉意识，表明了我们党对近代以来中国革命、建设道路所蕴含的价值方向的坚守，进一步强化了改革开放以来我国一直坚持的发展道路和奋斗目标。这既是对历史和现实的深刻把握，又是对中国社会发展方向的庄重承诺。实现中国梦，首要前提是实现国家富强，这是我们站在世界历史的高度得出的必然结论。

2. 民族振兴是中国梦的核心。中华民族是一个拥有五千年悠久历史的伟大民族，曾创造了灿烂的中华文明，铸就了伟大的民族精神。英国学者安格斯·麦迪森在《世界经济五千年史》中估算：中国从公元1000年开始，国内生产总值一直占到世界的五分之一以上。但就是这样的一个“老大帝国”，却是以一种屈辱的姿态进入近代史。也正是因为如此，中华民族开始了为实现民族伟大复兴的斗争史。历史学家金冲及曾指出：“实现中华民族的伟大复兴，在整个20世纪一直是中国无数志士仁人顽强追求的目标，一直是时代潮流中的突出主题。中国的革命也好、建设也好、改革也好，归根结底都是为了实现这个目标。这可以说是贯穿20世纪中国历史的基本线索。”[①] 特别是中国共产党成立以后，近代以来激荡在中华儿女内心深处的民族复兴的梦想逐渐清晰明朗起来，中华民族伟大复兴被赋予崭新的时代内涵。中华民族伟大复兴并不是要回到过去的“汉唐盛世”、“中华帝国”，而是中华民族要在新的历史条件下，重新发展起来、强大起来，重新走在世界各国的前列，为人类的文明进步作出新的更大贡献。从历时态看，中国梦是中华民族追求民族复兴的百年梦想；从共时态看，中国梦是当代中国人追求中国特色社会主义现代化的共同理想。从历时态和共时态统一的视角审视，中国梦体现的是中华民族伟大复兴和中国社会主义现代化进程的双重变奏。

3. 人民幸福是中国梦的根本。在中国梦的丰富内涵中，“人”无疑是关键要素。“中国梦归根到底是人民的梦，必须紧紧依靠人

① 金冲及：《20世纪中国历程的启示》，载《人民日报》，2009年8月4日。

民来实现，必须不断为人民造福。”习近平主席的重要讲话，阐明了中国梦与人民之间的关系，更指明了中国梦的动力源泉。人民幸福是发展之本，其内涵包括发展为了人民、发展依靠人民及发展成果由人民共享。它是马克思主义人民观和幸福观的体现，是中国共产党自身价值的内在要求。践行人民幸福是发展之本，就是要确立人民的主体地位，保障人民基本权益，提高人民生活水平。中国梦是国家民族的梦，也是每个中国人的梦，归根结底是人民的梦。中国梦、中国道路最终都要落到老百姓的幸福生活上。这是习近平总书记特别强调的，他说，“人民对美好生活的向往就是我们的奋斗目标”。

中国好棋！

对弈小神童，尚在长成中。
游戏无规矩，打闹是常情。
但凡说故事，必须中国赢。
落子成定局，欢呼起高音。
中国我爱你，年少正青春！

一清

每个人心中都有一个梦，都有追求幸福生活、享受幸福生活的权利。习近平在当选中共中央总书记后的第一次讲话就说到这个问题。他说："我们的人民热爱生活，期盼有更好的教育、更稳定的工作、更满意的收入、更可靠的社会保障、更高水平的医疗卫生服务、更舒适的居住条件、更优美的环境，期盼孩子们能成长得更好、工作得更好、生活得更好。"总书记的这些话说得多么实在、具体、亲切！的确如此，中国梦不仅是理想、是目标，也是现实，反映在每个中国人的生活中。中国梦的实现，要体现在解决老百姓关心的每一件具体事情上。只有这样，才能使人民群众感受到这个梦的好处，是真实的、可以实现的，感觉到这个梦和他们有关系，愿意为实现这个梦而去付出、去奋斗。由此，这个梦才能真正成为凝聚人民、激励人民的一个实实在在的奋斗目标。邓小平当初提出小康社会的目标，党的十八大提出的全面建成小康社会的目标，都是基于这样的考虑。为此，习近平总书记说的中国梦还给我们提出了明确的要求："必须不断为人民造福"，使人民"共同享有人生出彩的机会，共同享有梦想成真的机会，共同享有同祖国和时代一起成长与进步的机会"。习近平总书记的这些论述，不仅高度概括了中国梦的性质，同时也说明了中国梦与每个中国人的梦的关系，论证了"个人梦想"在国家梦、民族梦中的合理性地位，确立了中国梦的落脚点、着眼点。

（三）中国梦的属性分析

中国梦连接过去与现在，贯穿历史与未来。中国梦是整个中华民族长期以来的梦想，是亿万中国人民世代相传的夙愿。它代表了历代中国人对幸福的不懈追求，具有深厚的历史底蕴，同时，它本质上又是无数中国人"个人梦"的汇合和升华，是中国特色社会主义共同理想的通俗表达，因而必然带有鲜明的时代特征。

中国梦的提出，极大地激发了人民群众实现民族伟大复兴的内心渴望和高涨热情，也迅速引起了世界的广泛关注，同时，提出了一个亟待阐释的重大课题，就是中国梦究竟该如何解读，究竟有哪些属性？中国梦是复兴之梦，还是称霸之梦？中国梦是个人的梦，还是国家、民族的梦？中国梦是走中国自己的路，还是走别人的路？中国梦是爱国主义的梦，还是狭隘的民族主义的梦？等等，不一而足，这些都需要作出科学的阐释。任晓驷在其著作《中国梦：谁的梦?》中做了详细阐发。公茂虹在其专著《读懂中国梦》中对中国梦从三方面作了进一步解读。他认为，中国梦不是一般意义上的梦想，而是一种特定的、整体性的思想意识和目标指向，是思想意识和目标指向的高度融合统一，是中华民族正在万众一心、努力奋斗的共同理想，此其一。其二，中国梦不是简单的大国崛起，而是以中华民族兼济天下的博大情怀和与世界其他民族包容共生的民族文化心理为基础，表达的是中华民族要对人类有较大贡献的雄心壮志。其三，他还认为，中国梦不是他国梦的翻版，而是植根于中华民族精神、基于中华民族从传统走向现代的价值追求、基于社会主义现代化建设的成功实践，有着鲜明的中国特色。应该说，这些观点从不同方面道出了中国梦的精神实质。

根据习近平总书记关于实现中华民族伟大复兴的中国梦的系列论述精神，结合学界的研究成果，笔者认为中国梦具有八个方面的属性：

一是政治性。中国梦是以习近平为总书记的党中央站在历史的新起点上，要把党、国家和民族建设好的坚强决心和坚定信心，是新一届中央领导集体对全国人民的庄严承诺，也是我们党和国家未来发展的政治号召，它为坚持和发展中国特色社会主义注入了新的内涵和时代精神。

二是历史性。习近平总书记指出，我们的民族是伟大的民族。在五千多年的文明发展历程中，中华民族为人类文明进步作出了不可磨灭的贡献。然而，近代以后，我们的民族历经磨难，中华民族到了最危险的时候。自那时起，为了实现中华民族伟大复兴，无数仁人志士奋起抗争，但一次又一次地失败了。中国共产党成立以后，团结带领人民前仆后继、顽强奋斗，把贫穷落后的旧中国变成日益走向繁荣富强的新中国，中华民族伟大复兴展现出前所未有的光明前景。我们的责任，就是要带领全党和全国各族人民，接过历史的接力棒，继续为实现中华民族伟大复兴而努力奋斗，使中华民族更加坚强有力地自立于世界民族之林，为人类作出新的更大的贡献。由此可见，中国梦承载着中华民族伟大复兴的百年梦想，是实现“两个一百年”奋斗目标和中华民族伟大复兴的有机统一，体现了历史发展的必然。

三是现实性。习近平总书记指出，“现在，我们比历史上任何时期都更接近中华民族伟大复兴的目标，比历史上任何时期都更有信心、有能力实现这个目标。”从现实看，中国梦是当代中国人追求中国特色社会主义现代化的共同理想。“实现中华民族伟大复兴”这一近代以来最伟大的梦想，寄托着中华民族永不褪色的集体记忆和昂扬向上的意志情怀，昭示着中华民族崇高的目标理想和美好未来，中国梦不仅仅是国家和民族集体意愿的表达，而且是中国人民不断追求幸福的意愿表达，所以，这一梦想最能凝聚起当今中国的各种社会力量。

四是包容性。中国梦道出了海内外中华儿女的共同心愿，无论阶层、地域、身份，全球华人都有一个共同的中国梦，都为中国梦感到骄傲，并愿意为中国梦贡献自己的一切力量。

五是全面性。中国梦不仅是实现现代化的物质之梦，还包括政治思想文化方面的精神之梦；不仅包括经济、政治、文化等诸方面整体意义上的全面进步与繁荣，同时也体现出人的全面和自由发展。

六是分享性。中国梦是一个分享的梦、和平发展的梦。中国梦在追求和实现过程中，不仅仅使中国自身受益，还要对人类文明作出新的更大贡献，让世界在和平共处中共同分享中国发展的成果，由此共同促进世界和平、发展和繁荣，追求人类的共同进步。

七是和谐性。中国梦追求的是在国内实现人与自然和谐、人与人和谐、人与社会和谐和人自身和谐；在国际上实现国与国之间的平等、互利、合作、共赢，实现国与国之间的和谐。

八是人民性。这是中国梦的本质属性。习近平总书记指出："人民对美好生活的向往，就是我们的奋斗目标。"人民是历史和社会的主体，中国梦的动力来自广大人民，同时，人民又是中国梦的最大受益者。中国梦是"人民的梦"这一本质属性，反映了我们党以人为本、执政为民的责任感、使命感，体现了我们党一切决策的出发点和落脚点。

二 正道沧桑——中国梦的历史回望和现实方位

我们的民族是伟大的民族。在五千多年的文明发展历程中，中华民族为人类文明进步作出了不可磨灭的贡献。然而，近代以后，我们的民族历经磨难，中华民族到了最危险的时候。自那时起，为了实现中华民族伟大复兴，无数仁人志士奋起抗争，但一次又一次地失败了。中国共产党成立以后，团结带领人民前仆后继、顽强奋斗，把贫穷落后的旧中国变成日益走向繁荣富强的新中国，中华民族伟大复兴展现出前所未有的光明前景。我们党肩负的责任，光荣而神圣，就是要带领全国各族人民，接过历史的接力棒，继续为实现中华民族伟大复兴而努力奋斗，使中华民族更加坚强有力地自立于世界民族之林，为人类社会作出新的更大贡献；我们党走的道路，正道沧桑，一步一步接近美好的理想。

（一）中国梦的历史由来

中国梦是一个历史的梦。中国梦，这个凝心聚力的称谓，这个思接千载的词汇，它是从五千年的中华民族历史文化中积淀而成的，是从近代中国百年求索叩问中奋发而出的。

中国自古以来就是一个统一的多民族的国家。中国各民族借助相互依存的经济、政治、文化纽带，在长期的历史发展和融合进程中具有了共同的命运和利益，产生了强大而坚固的亲和力、向心力和凝聚力，由此连接成了一个稳定的复合的民族共同体，这个民族共同体就是伟大的中华民族。

五千多年来，中华民族一直是一个对梦想孜孜以求并为之奋斗的民族，因而创造了辉煌灿烂、长期领先世界的文化。回望历史，中华民族可谓功业赫赫：秦有古建筑长城；汉有张骞开陆上丝绸之路；隋开大运河；唐有开元盛世；宋之国力跻身全球最强；元之气魄横贯欧亚大陆；明有郑和下西洋辟海上丝绸之路；清朝有康乾盛世。“四大发明”更是深刻影响了世界，指引了世界文明的进程。然而，就是这样一个曾经有着灿烂而辉煌的历史、长期居于世界文明发展先进行列的民族，到了近代转瞬之间陷入了山河破碎、国运衰败、民族危机、人民苦难的境地。

“鸦片战争一声炮响，使中国被迫进入近代社会”。鸦片战争成为中华民族历史由盛而衰的转折点，它不仅开启了中国沦为半殖民地半封建社会的历史，而且也开启了中华民族重新寻梦的历史。1840 年鸦片战争，中国被打败，开始了屈辱的历史，从此之后，中国不仅成为西方工业品的消费市场，而且成为西方工业发展的重要原料产地，特别是通过销售鸦片以及其他商品，大量的财富从中国流向西方国家。不仅如此，西方列强凭借坚船利炮，强迫清政府签订一系列不平等条约，大量的割地赔款，发展到 19 世纪末期企图瓜分中国。中国，这个曾经的泱泱大国，开始备受老牌以及新兴列强的欺凌，中华民族在近代所遭受的苦难之深重、所付出的牺牲之巨大，在世界历史上都是极其罕见的。然而，就在鸦片战争敲响中华民族陷入空前危机警钟的同时，也开启了中华民族的复兴运动，也就是开始了中国人寻梦的历史。中华民族是一个伟大的民族，是一个不屈不挠、奋发图强的民族。绝不会将自己的命运任由别人摆布，更不会在亡国灭种的危险来临之际而无动于衷。在血与泪的痛苦经历中，为了挽救民族危亡、改变国家命运，实现民主自由，无数仁人志士上下求索，努力寻求救国救民的真理，寻找救亡图存的道路。先后经历了洋务运动、太平天国运动、戊戌变法、义和团运动等，最后都以失败而告终。历史事实证明，不触动封建地主阶级根基的自强运动、旧式的农民起义都无法改变中国的命运。

辛亥革命是中华民族伟大复兴征程上的第一座里程碑。伟大的民主革命先行者孙中山第一个喊出了“振兴中华”的口号，并为此奋斗一生，他所领导的辛亥革命结束了统治中国两千年的封建帝制，扫清了民族复兴道路上的第一个障碍，是真正意义上的反帝反封建的资产阶级民主革命，这是它与以往革命运动的不同。但是，它没有提出一个彻底的反帝反封建的革命纲领，也没有广泛地发动和组织可以依靠的人民大众的力量，最终还是失败了。

“十月革命一声炮响，给我们送来了马克思列宁主义。十月革命帮助了全世界的、也帮助了中国的先进分子，用无产阶级的宇宙观作为观察国家命运的工具，重新考虑自己的问题。”由此，马克思主义很快成为中国先进分子观察国家命运、解放自己民族的思想武器和行动指南。在此基础上，中国共产党成立了。中国共产党的成立不仅使中国革命的面貌为之焕然一新，而且是中国人实现民族复兴中国梦这一愿景的历史进程中的关键一步。中国共产党高举新民主主义革命的旗帜，带领人民经过多年的浴血奋战，推翻“三座大山”，完成了民族独立和人民解放的历史任务，建立了新中国，结束了近代以来中国民族屈辱的历史，并最终找到了实现中华民族伟大复兴中国梦的正确道路。

总之，中国在历史上曾经很辉煌，而近代以来又很悲惨，受尽屈辱，这个反差太大了，它极大激发了无数中国人的斗志。正如习近平总书记说的那样，每一个中国人想起那段历史都会感到心痛。所以，中国人总有一股民族复兴的心结和劲头在里面，这是一种精神动力，实现中国梦必须有中国精神，一个重要的精神动力就是爱国主义。经过几千年的沧桑岁月，把我国56个民族、13亿多人紧紧凝聚在一起的，是我们共同经历的非凡奋斗，是我们共同创造的美好家园，是我们共同培育的民族精神，而贯穿其中的、最重要的是我们共同坚守的理想信念。每个人的命运与国家民族的强盛息息相关。用中国梦来凝聚人民、激励人民，非常准确，非常有力量。

（二）中国梦的实现历程

中国梦的实现大概要经历“两个百年”历程。“两个百年”历程，是指实现中国梦的两个历史阶段。第一个阶段，从 1840 年鸦片战争到 1949 年新中国成立。这个百年，又分为两个革命时期，即旧民主主义革命时期和新民主主义革命时期，在此期间发生了对中国梦实现具有重大影响的三件大事。

一是辛亥革命。孙中山领导的辛亥革命推翻了清王朝，结束了在中国延续两千年的封建帝制，扫除了民族复兴道路上的第一个障碍，打开了中国民主革命的闸门。辛亥革命虽然最终失败了，但它的失败教训成为中国共产党汲取的宝贵精神财富。毛泽东在新民主主义革命理论中关于中国革命道路的许多重要思想，都是建立在对辛亥革命经验教训深刻总结基础之上的。对孙中山先生的历史贡献，毛泽东有过高度评价。在 1956 年《纪念孙中山》一文中他说：“辛亥革命，到今年，不过四十五年，中国的面目完全变了。再过四十五年，就是 2001 年，也就是进到 21 世纪的时候，中国的面目更要大变。”他说我们共产党是孙中山先生事业和思想的真正继承者，“我们应该有清醒的头脑来举起孙中山这面旗帜”[①]。毛泽东的这些话，都是在讲辛亥革命对中华民族复兴的重大意义。

二是中国共产党的成立。中国共产党的成立，是中国近代历史发展的必然，是马克思列宁主义与中国革命实际相结合的产物。毛泽东说：“中国产生了共产党，这是开天辟地的大事变。”从此以后，中国共产党就开始担负起挽救中华民族命运的时代重任，“中国革命的面目就焕然一新”。因为从此以后，中国人民有了一个科

---

① 《毛泽东文集》第 3 卷，人民出版社 1996 年版，第 322 页。

学的指导思想——马克思列宁主义，有了一个毫不动摇地始终如一地领导他们进行斗争的正确领导者，找到了一条不同于以往的救国救民的新道路。历史已经证明，只是在中国共产党成立以后，中华民族复兴才真正有了希望，有了可能。

三是新中国的成立。新中国的成立在中华民族伟大复兴进程中具有里程碑意义，它标志着中国人民彻底完成了反帝反封建的革命任务，实现了国家独立、民族解放，中国人民从此站起来了。这个百年是民族复兴的第一阶段，国家独立、民族解放的任务已经完成。第二个百年，从 1949 年新中国成立到 21 世纪中叶，在新中国成立 100 年时，建成富强民主文明和谐的社会主义现代化国家，实现中华民族的伟大复兴。现在，我们正处于向第二个百年任务迈进的阶段。

（三）“两个一百年”中国梦的奋斗目标

1978 年十一届三中全会召开，开启了中国历史的新时期。在改革开放这场新的伟大革命中，邓小平领导我们党开辟了中国特色社会主义正确道路，中华民族从此大踏步赶上时代前进的潮流，经过几代中国共产党人的接力奋斗，中华民族的伟大复兴展现出灿烂的前景。今天，我们又站在新的历史起点上。在新的历史时期，中国梦的本质是国家富强、民族振兴、人民幸福。我们的奋斗目标是，到 2020 年即中国共产党成立 100 年时全面建成小康社会；到 2050 年即新中国成立 100 年时建成富强民主文明和谐的社会主义现代化国家，实现中华民族伟大复兴。

1. 中国梦的现实方位。自中国共产党成立 90 多年来，中国共产党带领全国各族人民前仆后继、顽强奋斗，不但建立了新中国，完成了民族独立和人民解放的历史任务，使中国人站了起来，而且带领中国人民继续开拓奋进，开创了中国特色社会主义，找到了实现中华民族伟大复兴的正确道路。新中国成立 60 多年来，特别是改革开放 30 多年来，我们党带领全国各族人民艰苦奋斗、自强不息，不断夺取建设和改革的新胜利，开始真正让中国人富起来，这是自1840年鸦片战争以来，中华民族在历尽刻骨铭心的磨难之后，终于迎来再度辉煌的曙光。我国的GDP连续30年保持接近10%的高速增长，到2011年，超过日本，成为世界第二大经济体。“今天的中国，经济总量居世界第二，外贸总额居世界第二，外汇储备居世界第一，广大人民的生活从不得温饱到解决温饱，进而达到总体小康，3亿多群众摆脱了贫困，一部分地区和群众已经率先富裕起来。”① 中国正在以不可阻挡的历史步伐步入世界大国、世界强国之林，这就是我们中国梦的现实方位。

2. 中国梦的奋斗目标。古人云：不积跬步，无以至千里。中国共产党人历来是最高纲领和最低纲领的统一论者，善于把党的最高纲领和最低纲领、最终目标与阶段性目标统一到社会主义现代化建设实践中。党的最高纲领和最终目标是实现共产主义社会，这是始终如一、坚定不移的。而党的最低纲领和阶段性目标则是不一样的，随着时代的发展而不断制定出符合时代要求的最低纲领和阶段性目标。新中国成立以后，民族独立、人民解放的第一个百年任务已经完成。开始了实现社会主义现代化、实现中华民族伟大复兴的第二个百年征程。毛泽东提出要在20世纪内，分两步把我国建设成为“四个现代化”的社会主义国家的构想。即：第一步，建立一个独立的比较完整的工业体系和国民经济体系；第二步，全面实现农业、工业、国防和科学技术现代化，使我国经济走在世界的前列。由于种种原因，第二步目标到现在还没有实现。

党的十一届三中全会后，邓小平进一步思考如何从中国的具体国情出发，加快我国的社会主义现代化建设问题。1979年3月，他强调指出：“现在搞建设也要适合中国国情，走出一条中国式的

① 汪玉奇：《中国梦——昨天·今天·明天》，社会科学文献出版社2013年版，第279页。

现代化道路。”① 同年10月，他第一次提出要修改原先确定的现代化具体目标。他说：“我们开了大口，本世纪末实现‘四个现代化’。后来改了个口，叫中国式的现代化，就是把标准放低一点。特别是国民生产总值，按人口平均来说不会很高。”② 1979年12月6日，邓小平在会见日本首相大平正芳时，面对大平正芳关于“中国将来会是什么样的情况？整个现代化的蓝图是如何构思的”这一提问时，邓小平回答说：“我们要实现的四个现代化，是中国式的四个现代化。我们的四个现代化的概念，不是像你们那样的现代化的概念，而是‘小康之家’。”③ 1981年，邓小平又提出了“小康社会”的概念。党的十二大正式提出，到20世纪末分“两步走”实现工农业总产值翻两番，实现小康社会的设想。1987年4月，邓小平第一次提出了“三步走”基本实现现代化的战略。同年10月，党的十三大把邓小平“三步走”的发展战略构想确定下来，明确提出：第一步，从1981年到1990年实现国民生产总值比1980年翻一番，解决人民的温饱问题；第二步，从1991年至20世纪末，使国民生产总值再翻一番，达到小康水平；第三步，到21世纪中叶，国民生产总值再翻两番，达到中等发达国家水平，基本实现现代化。然后在这个基础上继续前进。

1997年，我国在提前实现了“三步走”战略的第一步和第二步战略目标之后，党的十五大把“三步走”战略的第三步进一步具体化，提出了“新三步走”战略。即：21世纪第一个10年，实现国民生产总值比2000年翻一番，使人民的小康生活更加富裕，形成比较完善的社会主义市场经济体制；再经过10年的努力，到中国共产党成立100年时，使国民经济更加发展，各项制度更加完善；到21世纪中叶新中国成立100年时，基本实现现代化，建成

① 《邓小平文选》第2卷，人民出版社1994年版，第163页。

② 同上书，第194页。

③ （《邓小平文选》第2卷，人民出版社1994年版，第237页。

富强民主文明的社会主义国家。这是党最初提的“两个一百年”的奋斗目标。经过全党全国各族人民的共同努力，我国人民的生活水平在20世纪末总体上开始达到小康水平，这是中华民族发展史上的一个新的里程碑。

党的十六大从我国总体上实现的还是低水平、不全面、发展很不平衡的小康的实际出发，提出大体用20年的时间，全面建设一个惠及十几亿人口的更高水平的小康社会。十七大顺应国内外形势的变化和各族人民过上更好生活的新期待，又提出了比十六大更高的要求。

党的十八大根据国内外形势的新变化，在新的历史条件下全面建成小康社会、加快推进社会主义现代化、夺取中国特色社会主义新胜利的宏伟蓝图，即“两个一百年”的奋斗目标。即：到中国共产党成立一百年时全面建成小康社会；到新中国成立一百年时建成富强民主文明和谐的社会主义现代化国家。党的十八大之后，习近平总书记又提出和深刻阐述了中华民族伟大复兴的中国梦，进一步揭示了中华民族的历史使命和当代中国的发展方向，指明了中国特色社会主义更长远的奋斗目标。

总之，中国共产党根据现实国情和时代发展，制定了一系列相互联系、切实可行的现代化发展战略，分阶段、分步骤实施。60多年来，我们党带领人民在实现中华民族伟大复兴的道路上一步一个脚印，走得坚定，走得踏实，走得自信，现在我们离中国梦越来越近。只要我们坚定不移地走中国特色社会主义道路，坚持改革开放，到中国共产党成立100年时，必将全面建成小康社会；到新中国成立100年时，必将实现中华民族的伟大复兴。

（四）中国梦的实现路径

2013年3月17日，习近平总书记在第十二届全国人民代表大会第一次会议上的讲话中，系统阐述了如何实现中国梦的问题。习近平总书记指出，实现中国梦必须走中国道路，必须弘扬中国精神，必须凝聚中国力量。这“三个必须”，字字千钧，为实现中国梦指明了科学路径，是实现中国梦的基本遵循。

1. 实现中国梦必须走中国道路。这就是中国特色社会主义道路。中国特色社会主义，承载着几代中国共产党人的理想和探索，寄托着无数仁人志士的意愿和期盼，凝聚着全国各族人民的奋斗和实践，是近代以来中国社会发展的必然选择。中国特色社会主义伟大实践，不仅使我们国家快速发展起来，使我国人民生活水平快速提高起来，使中华民族大踏步赶上时代前进潮流、迎来伟大复兴的光明前景，而且使中国人民和中华民族为世界和平与发展作出了重大贡献。事实雄辩地证明，要发展中国稳定中国，要全面建成小康社会、加快推进社会主义现代化，要实现中华民族伟大复兴，必须坚定不移坚持和发展中国特色社会主义。党和国家的长期实践充分证明，只有社会主义，才能救中国，只有中国特色社会主义，才能发展中国。只有高举中国特色社会主义旗帜，我们才能团结带领全党全国各族人民，在中国共产党成立一百年时全面建成小康社会，在新中国成立一百年时建成富强民主文明和谐的社会主义现代化国家，赢得中国人民和中华民族更加幸福美好的未来。

在参观《复兴之路》展览后，习近平总书记发表了重要讲话，他告诫中国共产党和全国人民，回顾中华民族的昨天，是为了不忘记历史；展示中华民族的今天，是为了不走错路；宣示中华民族的明天，是为了不放弃理想目标追求。他用三句诗描绘了中华民族的昨天、今天和明天。

中华民族的昨天，可以说是“雄关漫道真如铁”。在近代中国，中华民族遭受的苦难之重、付出的牺牲之大，在世界历史上是罕见的。但是，中国人民从不屈服，不断奋起抗争，终于掌握了自己的命运，开始了建设自己国家的伟大历程。“回首过去，全党同志必须牢记，落后就要挨打，发展才能自强。”

中华民族的今天，正可谓“人间正道是沧桑”。改革开放以来，我们总结历史经验，不断艰辛探索，终于找到了实现中华民族伟大复兴的正确道路，取得了举世瞩目的成就。这条道路就是中国特色社会主义。中国特色社会主义，是党和人民 90 多年奋斗、创造、积累的根本成就，是改革开放 30 多年实践的根本总结，凝结着实现中华民族伟大复兴这个近代以来中华民族最根本的梦想，也体现着近代以来人类对社会主义的美好憧憬和不懈探索。“审视现在，全党同志必须牢记，道路决定命运，找到一条正确的道路多么不容易，我们必须坚定不移地走下去。”

中华民族的明天，可以说是“乘风破浪会有时”。经过鸦片战争以来 170 多年的持续奋斗，中华民族伟大复兴展现出光明的前景。现在，我们比历史上任何时期都更接近中华民族伟大复兴的目标，我们比历史上任何时期都更有信心、有能力实现这个目标。“展望未来，全党同志必须牢记，要把蓝图变为现实，还有很长的路要走，需要我们付出长期艰苦的努力。但是，只要我们紧紧扭住这个总任务，一代一代锲而不舍干下去，实现中华民族伟大复兴的‘中国梦’就一定不只是梦想、不再是梦想，就一定能够实现。”

方向决定道路，道路决定命运。我国改革开放之所以能够取得伟大成功，关键是我们把党的基本路线作为党和国家的生命线，始终坚持以经济建设为中心同四项基本原则、改革开放这两个基本点统一于中国特色社会主义伟大实践，既不走封闭僵化的老路，也不走改旗易帜的邪路，而是走中国特色社会主义道路。中国特色社会主义道路，是实现我国社会主义现代化的必由之路，是创造美好生活的必由之路。中国特色社会主义道路，既坚持以经济建设为中心，又全面推进经济建设、政治建设、文化建设、社会建设、生态文明建设以及其他各方面建设；既坚持四项基本原则，又坚持改革开放；既不断解放和发展社会生产力，又逐步实现全体人民共同富裕，促进人的全面发展。

实现中国梦，必须坚持走中国特色社会主义道路。习近平总书记指出：“这条道路来之不易，它是在改革开放 30 多年的伟大实践中走出来的，是在中华人民共和国成立60多年的持续探索中走出来的，是在对近代以来170多年中华民族发展历程的深刻总结中走出来的，是在对中华民族五千多年悠久文明的传承中走出来的，具有深厚的历史渊源和广泛的现实基础。”中华民族是具有非凡创造力的民族，我们创造了伟大的中华文明，我们也能继续拓展和走好适合中国国情的发展道路。中国特色社会主义是当代中国发展进步的根本方向，是实现中国梦的必由之路，也是引领我国各族人民走向更加美好的必由之路。全党全国各族人民一定要增强对中国特色社会主义的道路自信、理论自信、制度自信。坚定不移沿着正确的中国道路奋勇前进。

实现中国梦，必须坚持走中国特色社会主义道路。无论搞革命、搞建设、搞改革，道路问题都是最根本的问题。没有正确的道路，再光明的前景、再美好的梦想，都是无法实现的。毛泽东就曾经指出过：“革命党是群众的向导，在革命中未有革命党领错了路而革命不失败的。”① 中国共产党领导的革命、建设、改革事业，都经历了寻找正确道路的艰难过程。中国共产党在革命、建设、改革的各个历史时期，始终坚持从我国国情出发，探索并形成了符合中国实际的新民主主义革命道路、社会主义改革道路和社会主义建设道路、中国特色社会主义道路，这种独立自主的探索精神，这种坚持走自己的路的坚定决心，是中国共产党不断从挫折中觉醒、不断从胜利走向胜利的真谛。鲁迅先生有句名言：“其实地上本没有路，走的人多了，也便成了路。”习近平总书记强调指出：“中国特色社会主义，是科学社会主义理论逻辑和中国社会发展历史逻辑的辩证统一，是植根于中国大地、反映中国人民意愿、适应中国和时代发展进步要求的科学社会主义，是全面建成小康社会、加快推进社会主义现代化、实现中华民族伟大复兴的必由之路。只要我们坚持独立自主走自己的路，毫不动摇坚持和发展中国特色社会主

① 《毛泽东选集》第1卷，人民出版社1991年版，第3页。

义，我们就一定能在中国共产党成立100年时全面建成小康社会，就一定能在新中国成立100年时建成富强民主文明和谐的社会主义现代化国家。”世界在变化，中国也在变化，中国特色社会主义也必须随着形势和条件的变化而向前发展。只有不断与时俱进，中国特色社会主义才能充满活力。我们愿意借鉴人类一切文明成果，但不会照搬任何国家的发展模式。中国的改革是社会主义制度的自我完善和发展。只有走中国人民自己选择的道路，走适合中国国情的道路，最终才能走得通、走得好。

实现中国梦，必须坚持走中国特色社会主义道路。我们已经在这条道路上走过了30多年，历史证明，这是一条符合中国国情、富民强国的正确道路，我们将坚定不移地沿着这条道路走下去。中国特色社会主义道路、中国特色社会主义理论体系、中国特色社会主义制度，是经过全党全国各族人民长期奋斗取得的，也是经过实践检验的科学的东西。所以，我们说的道路自信、理论自信、制度自信，来源于实践、来源于人民、来源于真理。正如习近平总书记指出的："30多年来，我们能够创造出人类历史上前无古人的发展成就，走出了正确道路是根本原因。现在，最关键的是坚定不移走这条道路、与时俱进拓展这条道路，推动中国特色社会主义道路越走越宽广。"

总而言之，中国特色社会主义道路经受了历史和实践的检验，得到了全党全国各族人民的衷心拥护，也受到越来越多的国际关注和赞誉。我们坚信，只要我们坚定对中国特色社会主义的道路自信、理论自信、制度自信，坚定不移沿着正确的中国道路奋勇前进，中华民族伟大复兴的中国梦一定能实现。

2. 实现中国梦必须弘扬中国精神。什么是中国精神？所谓中国精神，是指以爱国主义为核心的民族精神和以改革创新为核心的时代精神。实现中国梦，离不开弘扬中国精神。走中国道路，是实现中国梦的最佳途径，中国力量是实现中国梦的依靠力量，而中国精神则是实现中国梦的动力源泉。中国精神其实就是中国道路、中国模式的精神内涵，体现着社会主义的核心价值观，是实现中华民族伟大复兴的强大精神支柱和巨大动力源泉。正如习近平总书记指出的："实现中国梦必须弘扬中国精神。这就是以爱国主义为核心的民族精神，以改革创新为核心的时代精神。这种精神是凝心聚力的兴国之魂、强国之魂。爱国主义始终是把中华民族坚强团结在一起的精神力量，改革创新始终是鞭策我们在改革开放中与时俱进的精神力量。全国各族人民一定要弘扬伟大的民族精神和时代精神，不断增强团结一心的精神纽带、自强不息的精神动力，永远朝气蓬勃地迈向未来。"

纵观古今，横贯中外，那些对世界历史有过较大影响的国家和民族，他们在发展和崛起的道路上，都会迸发出影响深远的精神力量，成为这个国家和民族前进发展的重要推动力。中华民族正行进在伟大复兴的征程上，中国精神正是这样一种精神力量。这种力量源自中华民族五千年的文明传统；迸发于近代以来中华民族救亡图存、追梦复兴的历程；彰显于改革开放以来中国快速崛起的实践。

5000 多年中华文明孕育了古代中国精神，使中国精神具有深厚的历史底蕴和文化分量；鸦片战争以来的 170 多年，民族发展历程凝聚成中国近现代精神，使中国精神具有明确的民族指向和奋斗目标；中国共产党继承和创造中国现当代精神，使中国精神迸发出巨大力量和绚丽光芒；以爱国主义为核心的民族精神构成中国精神的民族特质；以改革创新为核心的时代精神构成中国精神的时代特征。所以说，中国精神是中华民族共同创造、共同依托、共同传承的文化精神和价值观念的总和，是中华民族赖以生存和发展的精神财富，是中华民族发展壮大的强大内在力量。

伟大的梦想需要并产生伟大的精神，伟大的精神支撑并推动伟大的梦想实现。一个国家和民族的强大不仅仅是物质的强大，还包括精神的强大，不仅仅是硬实力的强大，更包括软实力的强大。一个没有共同精神力量支撑的民族是不可能自立自强的，一个没有共同精神力量支撑的国家是不可能繁荣富强的。习近平总书记提出的中国梦，反映了中国人民包括海外同胞的共同心声、共同愿景、共同意志，凝聚了全国各族人民的最大共识，极大地激发了中华儿女发展国家、振兴民族的热情。实现中国梦，创造中国人更加美好的生活，任重道远，需要我们大力弘扬中国精神，因为中国精神始终是把中华民族坚强团结在一起的精神力量，始终是鞭策我们在改革开放实践中与时俱进的精神力量，是兴国之魂、强国之魂。既然如此，我们在任何时候都不能丢。

实现中国梦，必须大力弘扬和培育以爱国主义为核心的民族精神。到中国共产党成立100年时全面建成小康社会，到新中国成立100年时建成富强民主文明和谐的社会主义现代化国家，实现中华民族伟大复兴的中国梦，是全国各族人民的根本利益所在，要实现这些伟大目标，完成这一宏伟任务，一定会经受这样那样的压力和困难，会遭受各种各样的风险考验。我们只有大力弘扬和培育以爱国主义为核心的民族精神，形成全国上下统一的凝聚力和向心力，同心同德，奋发图强，集中全国人民的智慧和力量，始终保持昂扬向上的精神斗志，战胜各种困难，才能真正以最大力量推动中国梦的实现。

实现中国梦，必须大力弘扬和培育以改革创新为核心的时代精神。弘扬时代精神的实质是坚持与时俱进，核心是坚持改革创新。它不仅是关系到党的事业兴衰成败的重大命题，更是民族复兴的重大精神支撑和不竭动力。发展变化迅猛的世界和国内形势，都对党提出新的时代要求，因循守旧、不思进取，我们党就有可能丧失先进性、科学性，失去引领力，它所领导的事业就会停滞不前。改革开放以来，中国共产党正是坚持改革创新的时代精神，领导中国人民成功开辟出中国特色社会主义道路，使中国发生了翻天覆地的变化，取得了举世瞩目的成就。今天，站在历史的新起点上，要完成民族复兴的艰巨任务，必须永远保持逢山开路、遇河架桥的精神，大力发扬敢于啃硬骨头、敢于涉险滩的精神，不断推进理论创新、实践创新、制度创新，为夺取中国特色社会主义新胜利，实现中华民族伟大复兴中国梦奠定坚实基础。

3. 实现中国梦必须凝聚中国力量。这种力量就是中国各族人民大团结的力量，就是13亿中国人心往一处想、劲往一处使，汇集起来的强大正能量。力量是一个国家生存发展的基础，是一个民族屹立于世界之林的根本。在现实的中国力量体系中，中国共产党是领导我们事业取得成功的核心力量，没有共产党，就没有新中国，就没有高度凝聚的中国力量；社会主义制度是基石，只有社会主义，才能救中国，只有中国特色社会主义才能发展中国、发展中国力量；人民群众是历史的创造者，13亿中国人民是中国力量的主体，是实现中国梦的中坚力量；改革开放是动力条件，改革开放极大地解放和发展了社会生产力，使中国力量在短短30多年间不断壮大；人民军队是坚强柱石，没有一支人民的军队，便没有人民的一切，也就谈不上强大的中国力量；团结就是力量，团结就是智慧的倍增器、力量的放大器。我们要实现中华民族伟大复兴的历史使命，就必须凝聚各族人民大团结的力量。只要56个民族、13亿中国人民紧密团结、万众一心，为实现共同梦想而奋斗，实现梦想的力量就无比强大、不可战胜。

中国梦，是实现中华民族伟大复兴的时代强音，是当今时代的主旋律，中国梦能将13亿中华儿女的智慧和力量凝聚在一起。梦在前方，路在脚下，通往理想的道路没有坦途，我们必须顽强奋斗、艰苦奋斗、不懈奋斗。

回首过去，正是靠一代又一代人的接力奋斗，我们才干成了三件大事。一是中国共产党带领全国各族人民完成了新民主主义革命，建立了新中国；二是中国共产党带领全国各族人民进行了社会主义改造，确立了社会主义制度，成功实现了中国历史上最深刻的社会变革；三是中国共产党带领全国各族人民成功开辟了中国特色社会主义道路。正是因为如此，我们国家才有了沧海桑田般的变化，我们的民族才屹立于世界的东方。“现在，我们比历史上任何时期都更接近中华民族伟大复兴的目标，我们比历史上任何时期都更有信心、有能力实现这个目标。”但是，要把一个拥有13亿人口规模的发展中大国带入现代化、实现民族复兴，这在人类发展史上还从来没有过。正如习近平总书记嘱托的：“全党同志务必牢记，要把蓝图变为现实，还有很长的路要走，需要我们付出长期艰苦的努力。”唯有脚踏实地、埋头苦干，才能把我们带入梦想的新天地。

“国家好、民族好，大家才会好”。只要每个人都为美好理想而奋斗，才能汇集起实现中国梦的磅礴力量。历史证明，个人的前途与国家、民族的命运息息相关，而每个人的奋斗，都是中国梦的组成部分。涓流汇海，聚沙成塔。在实现民族复兴中国梦的关键阶段，最大程度吸纳人民群众参与改革发展、最大程度促进全面小康的共建共享、最大程度动员全体人民同心共筑中国梦，就能激发每个中国人的进取心和创造力，就能在逐梦的路上始终有众志成城的民意支撑，始终有破浪前行的不竭动力。正如习近平总书记指出的：“中国梦是民族的梦，也是每个中国人的梦。只要我们紧密团结，万众一心，为实现共同梦想而奋斗，实现梦想的力量就无比强大，我们每个人为实现自己梦想的努力就拥有广阔的空间。生活在我们伟大祖国和伟大时代的中国人民，共同享有人生出彩的机会，共同享有梦想成真的机会，共同享有同祖国和时代一起成长与进步的机会。有梦想、有机会、有奋斗，一切美好的东西都能够创造出来。全国各族人民一定要牢记使命，心往一处想、劲往一处使，用13亿人的智慧和力量汇集起不可战胜的磅礴力量。”

中国梦，13亿人的共同事业；正能量，13亿人的共同力量；中国力量，实现中国梦的强大力量。实现中国梦，这是一项前无古人的光荣而艰巨的事业，必须凝聚中国力量。空谈误国，实干兴邦。我们要用13亿中国人的智慧和力量，一代又一代中国人的不懈努力，把我们的国家建设好，把我们的民族发展好。我们有理由相信，有亿万人民的共同奋斗，实现梦想的力量就无比强大。只要我们心往一处想、劲往一处使，就必定能汇集实现梦想的磅礴力量，一步一个脚印迎来中华民族伟大复兴的光辉前景。

三　凯歌行进——中国梦的全球视野和发展前景

中国梦不仅是历史的梦、现实的梦，也是未来的梦。当中华民族的巨大航船，穿越历史的波涛，驶向复兴的彼岸，整个世界都在关注：走向复兴的中国将会带给世界什么？它又会对世界产生怎样的影响？我们的回答是：中国梦是和平、发展、合作、共赢的世界梦；中国梦是实现中华民族伟大复兴的社会主义现代梦；中国梦必将凯歌行进，它的真正实现必将会对人类作出更大贡献；必将展示出世界社会主义的美好前景。

（一）中国梦是实现和平、发展、合作、共赢的世界梦

当中华民族的巨大航船，穿越历史的波涛，驶向复兴的彼岸，整个世界都在关注：走向复兴的中国将会带给世界什么？它又会对世界产生怎样的影响？习近平总书记指出："实现中国梦，必须坚持和平发展。始终不渝走和平发展道路，始终不渝奉行互利共赢的开放战略，不仅致力于中国自身的发展，也强调对世界的责任与贡献；不仅造福中国人民，而且造福世界人民。实现中国梦给世界带来的是和平，不是动荡；是机遇，不是威胁。"习近平总书记的讲话，再次向世界传递了实现文明复兴、建设和谐世界的中国理念。坚持走和平发展道路，是实现中国梦的必由之路，是我们始终不变的战略抉择。

1. 中国和平发展道路提出

和平发展道路是指中国从十一届三中全会以来在以和平发展为主题的时代条件下，同经济全球化相联系并立足于本国实际，以和平发展方式独立自主地建设中国特色社会主义，实现现代化，努力

实现中华民族伟大复兴的战略道路①。“和平发展道路”最初被称为“和平崛起道路”。2013年11月3日，中共中央党校常务副校长、中国改革开放论坛理事长郑必坚同志在博鳌亚洲论坛年会主会场发表了题为“中国和平发展崛起新道路和亚洲的未来”的演讲。2003年12月10日，温家宝访美期间在哈佛大学发表了题为“把目光投向中国”的演讲，这是中国政府领导人首次用“和平崛起”这一概念来对外公开描述中国自身角色定位和未来形象。接着，胡锦涛在2003年12月26日纪念毛泽东诞辰110周年座谈会上的讲话中又提出，坚持中国特色社会主义道路，就要坚持走和平崛起的发展道路。2004年4月24日，胡锦涛在博鳌亚洲论坛年会上发表题为“中国的发展和亚洲的机遇”的主旨演讲中，将“和平崛起”这一提法改为“和平发展”。以后，党的领导人讲话和历次党代会都沿用“和平发展道路”的表述。党的十八大再次强调：和平发展是中国特色社会主义的必然选择。要坚持开放的发展、合作的发展、共赢的发展，通过争取和平国际环境发展自己，又以自身的发展维护和促进世界和平，扩大同各方利益的汇合点，推动建设持久和平、共同繁荣的和谐世界。

2. 中国和平发展道路要义解读

今天，中国的和平发展与崛起，是顺应历史潮流而不可阻挡的事情，不值得大惊小怪，中国历史上就是一个有着悠久文化传统和经济实力的大国，只是在近代它落伍了。随着中国社会主义的发展，随着中国国力的日益强大、利益的不断拓展，中国作为世界上最大的发展中国家的地位的日益提升，这必然在客观上打破世界原有利益格局，引起许多国家的疑虑、猜忌甚至恐惧。于是就有了关于中国发展道路的各个版本或说法，如“中国模式”、“中国经验”“中国威胁”、“中国霸权”等，不一而足。不管怎样评说，当今世

① 郑必坚：《关于历史机遇和中国特色社会主义的战略道路》，载《郑必坚论集》下卷，上海人民出版社2005年版，第1189—1190页。

界，中国正在快速崛起是不争的事实，那么，中国的这种发展是否会对世界构成新的威胁？在新的历史条件下，如何处理好中国与世界的关系，确实给我们带来了新的挑战。一方面，中国的发展离不开世界，我们要积极参与到全球化的进程中去，把握好机遇，用好战略机遇期，实现新的发展。另一方面，中国还要消除崛起过程中国际社会的担忧和疑虑，就要展现出中华文明的亲和力、感召力，树立一个和平中国、文化中国的形象。如扑面而来的中国年、文化年、孔子周等活动，向世界表达中国和平发展的传统和时代理念，向世界展示了中国文化和中国精神的力量和魅力。面对来自不同方面的质疑和猜想，中国共产党和政府郑重地向世界宣示：中国将始终不渝走和平发展道路。和平发展既是中国的国际战略和外交宣言，也是未来长期主导中国发展道路的战略和理念。和平发展道路是一条既适合中国国情，又顺应时代潮流的现代化道路。和平发展道路作为人类社会发展规律的新探索，与以往西方大国崛起方式有着本质的区别，具有鲜明的时代特色和全新的世界意义。在世界历史上，大国崛起几乎无一例外都是通过武力扩张、对外侵略和战争实现的。例如：16—17 世纪英国与西班牙、荷兰争夺海洋霸权的战争；18—19 世纪英、法、俄等欧洲国家争夺欧洲霸权的战争；20 世纪初德国崛起导致第一次世界大战爆发；德、日崛起导致第二次世界大战的爆发；第二次世界大战后美苏争霸导致半个世纪的“冷战”。这些大国崛起引发的战争给人类带来了无尽的灾难。中国作为当代世界后起大国，坚决摒弃通过侵略、扩张、战争等非和平手段实现崛起的旧道路，已成功开辟出中国特色社会主义和平发展道路，并取得了举世瞩目的成就，并承诺继续坚持走这条道路，即通过争取和平的国际环境来发展自己，又以自己的发展来维护世界的和平；依靠自身的力量和改革创新实现发展，同时坚持对外开放壮大自身的力量；顺应经济全球化发展趋势，努力实现与各国的互利共赢和共同发展；坚持和平、发展、合作，与各国一道共同致力于建设持久和平与共同繁荣的和谐世界。很显然，中国的这条发展道路，是以和平的方式实现崛起的。这就表明中国将摒弃世界历史大国崛起的旧道路、旧思维，努力为人类历史开辟出一条全新的大国发展新路。

3. 中国梦是实现和平、发展、合作、共赢的世界梦

中国和平发展道路的性质决定中国梦的性质，因而中国梦必然是实现和平、发展、合作、共赢的世界梦。首先，中国梦是一个和平的梦。由于中国的发展是和平的发展，它不是通过侵略、掠夺或战争的方式，因而没有暴力的性质，不会给本民族和世界上其他民族带来痛苦和灾难。中国的发展主要是通过和平发展经济的手段来实现，不侵略、不扩张、不掠夺，因而没有威胁的性质。正如邓小平指出："我们搞的是有中国特色的社会主义，是不断发展社会生产力的社会主义，是主张和平的社会主义。只有不断发展社会生产力，国家才能一步步富强起来，人民生活才能一步步改善。只有争取到和平的环境，才能比较顺利地发展。"[①] 30 多年来，中国聚精会神搞建设，一心一意谋发展，中国的和平发展本身就是世界和平事业的一部分，中国是维护世界和平的坚定力量，中国越发展，世界和平越靠得住。其次，中国梦是发展的梦。和平与发展，互为条件。没有和平环境，中国和世界都不可能顺利发展；同样，离开发展，中国和世界也不可能有持久的和平。中国是一个拥有 13 亿人口的大国，中国的发展不能靠别人施舍，不能靠别人援助，只能靠自己的双手，独立自主、自力更生地发展自己。新中国成立以来，特别是改革开放以来，我们始终奉行独立自主的和平外交政策，努力为自身发展营造一个稳定的外部环境。与此同时，我们坚持走自己的路，把中国传统文化的优秀思想、社会主义的制度优势和资本主义社会创造的文明成果结合起来，开辟出一条中国特色社会主义道路，聚精会神搞建设，一心一意谋发展，通过改革开放推动经济社会发展，成为世界第二大经济实体，为中国梦实现奠定坚实物质

① 《邓小平文选》第 3 卷，人民出版社 1993 年版，第 328 页。

基础。以和平推动发展，以发展捍卫和平，中国的发展打破了“国强必霸”的大国崛起模式，为人类的发展开辟了全新道路。再次，中国梦是合作、共赢的梦。与世界分享是中国梦独具特色的重要内涵。中国的发展不会独自前行，中国要与世界一道前进。“和平、发展、合作、共赢”是我们不变的旗帜。中国的和平发展既是中国的进步，也是世界的机遇；既有利于中国本身发展，也有利于全世界的和平稳定和共同繁荣。中国的快速发展将为世界提供巨大的市场，成为拉动世界经济发展的主要动力之一。毋庸讳言，中国的崛起会引起世界一些国家的担心、忧虑乃至恐惧。因为中国有13亿人口，它的块头太大了。让世界了解中国梦，可以减少中国崛起的阻力，加深世界对一个真实中国的了解。说中国梦又是世界梦，是因为中国梦是开放的梦，中国与世界一道共同追梦，实现互利共赢。中国的发展是和平的发展、开放的发展、合作的发展。在2013年6月举行的财富全球论坛上，英国前首相布莱尔不止一次表示出对崛起中的中国市场的肯定。“对于全世界而言，中国充满着机会”，他提醒大家，中国作为世界最大经济体的日子已经越来越近了，因此，“不要丢掉全球视野，中国和世界正在合作”。和平、发展、合作、共赢，是当今时代的潮流。美国前财政部部长亨利·保尔森也十分关注中国的长期发展，并认为中国已经朝着正确的方向前进。因此说，中国梦不仅是实现社会主义现代化和中华民族的伟大复兴，同时也是推动实现包括中国人在内的全世界人民和平梦想的长久动力。中国现在不称霸，将来成为世界强国后也不称霸。通过中国强大的综合国力来创新和建立新的国际政治经济新秩序，让未来的世界不再是西方文化支配的世界，而成为一个多元的、和谐的世界，这应该是我们所追求的理想境界和目标。

（二）中国梦的真正实现，中国必将对人类作出更大贡献

中华民族在漫长的历史长河中，创造了令世界瞩目的辉煌成就，长时间走在世界前列，对人类文明的发展作出了不可磨灭的贡

献。但是，近代以来，在西方列强的大肆侵略和封建专制主义的统治下，中国日渐沦落，几近亡国灭种的危险境地。从此，实现中华民族的伟大复兴就成为亿万中华儿女心中的“百年梦想”。

实现这个“百年梦想”的核心问题就是现代化目标的实现问题。中华民族在经历了近代百余年的屈辱和磨难后，要重新走向复兴、走向强大，首先需要做的、也是最重要的事情就是重新确认自己在现代世界生存发展的时代坐标，这是中华民族得以生存发展和实现现代化的逻辑起点。也就是说，当中华民族奋力摆脱压在其身上的三座大山，站在现代世界的门槛时，中华民族不得不面对这样三个现实问题：中华民族在当今世界生存发展的理由何在？中华民族将如何实现现代化？中华民族将实现什么样的现代化？对此，智慧的中国共产党人经过90多年艰辛探索，特别是30多年改革开放实践后，作出了明确的回答，那就是走中国道路，实现社会主义现代化，实现中华民族伟大复兴，这必将对人类作出更大贡献。实现中国梦的关键在于坚持走中国道路。中国道路既是实现中华民族伟大复兴之路，也是社会主义现代化发展之路；实现社会主义、现代化与民族复兴的有机统一，这是中国共产党人的伟大创造。

现代化是当今世界的发展潮流，是世界历史发展的大方向，实现现代化是近代以来中华民族始终追求的复兴梦想。而中国作为一个一穷二白的传统农业大国，要实现现代化，首先，就要弄清楚现代化的内涵、发展道路和实现形式等问题。回顾世界历史，现代化的发展经历了一个准备期和四次浪潮。16—17世纪，是西欧资本主义现代化准备时期。英国作为这一时期的代表，开始了从传统社会进入现代社会的准备。18世纪中后期，形成了以欧美资本主义先发现代化为标志的第一次现代化浪潮。英国率先通过工业革命实现现代化，开启了人类社会从农业文明向工业文明转变的新时代。在英国的影响和带动下，法国、德国、美国等欧美国家先后走上现代化道路。这类现代化道路被称为内源的现代化。其主要动力来自社会自身力量，外部因素影响居于次要地位。19世纪中后期，是以东方资本主义后发现代化为标志的第二次现代化浪潮。在西方资本主义现代化浪潮的推动下，日本、俄国等东方国家通过社会变革追求现代化发展。日本的明治维新、俄国的农奴制改革成为其中的标志性事件。这类现代化被称为外源的现代化。它一般是在外来的异质文明的冲击下激发而成的。20 世纪初期，是以苏联社会主义后发现代化为标志的第三次现代化浪潮。1917 年十月革命的胜利，标志着苏俄以特殊方式跨越了资本主义发展阶段，走上了一条社会主义的现代化发展之路。处于资本主义国家包围之中的苏联，在短短几十年的时间内就从落后的农业国发展成为先进的工业大国，创造了世界现代化史上一大奇迹。十月革命开创的社会主义现代化道路，打破了所谓“现代化就是西方化、就是资本主义化”的思维定势。第二次世界大战结束到现在，是以现代化模式多样化为特征的第四次现代化浪潮。第二次世界大战改变了战前旧的世界政治经济格局，民族独立和民族解放成为战后世界政治经济发展的主要潮流。到 20 世纪 50 年代中期，一大批亚非拉的原殖民地国家成功摆脱殖民统治，纷纷宣布独立。觉醒的发展意识和强烈的发展要求，成为这些国家现代化的主要动力，并由此推动了拉美模式、东亚模式、中国模式等多种现代化模式的形成。总的说来，这些模式不外乎资本主义现代化与社会主义现代化这两大模式①。而中国终于在世界第四次现代化浪潮中抓住了历史的机遇，形成了特色鲜明、前景广阔的中国道路，这就是中国特色社会主义道路。中国人民在中国共产党领导下，既坚持科学社会主义的基本原则，又根据我国实际和时代特征赋予其鲜明的中国特色；既没有排斥与西方发达国家的交流，也没有照搬它们的道路与模式。立足我国社会主义初级阶段基本国情，以经济建设为中心，坚持四项基本原则和改革开放，解放和发展社会生产力，建设社会主义市场经济、社会主义民主政治、社会主义先进文化、社会主义和谐社会、社会主义生态文明，

① 尹汉宁主编：《社会主义历程与中国道路》，中国和平出版社，第 125—127 页。

促进人的全面发展，逐步实现共同富裕，建设富强、民主、文明、和谐的社会主义现代化国家。实践证明，中国特色社会主义是实现中国梦的唯一正确的道路。这条道路是实现中华民族伟大复兴、实现社会主义的现代化和中国梦的必由之路。

中国梦不仅仅是属于中国的，也是属于世界的。中国梦所展示的是中华民族兼济天下的博大胸怀和与世界其他民族包容共生的民族文化心理，表达的是要对人类作出更大贡献的雄心壮志。“对人类有较大的贡献”，这是中国梦的根本要义和基本内涵。“穷则独善其身，达则兼济天下”，中国梦既体现出中华民族作为世界民族大家庭一员的自觉的责任担当，更体现了中华民族对全人类共同发展、和平发展、和谐发展的崇高的价值追求。

从历时态视角考察，“对人类有较大的贡献”这一价值追求具体表现为历代中国共产党人对社会主义现代化强国梦目标的不懈追求。早在党的七届二中全会上，毛泽东就提出了要把我国由一个落后的农业国转变为先进的工业国的设想。新中国成立以后，毛泽东又提出了要在20世纪内分“两步走”，把我国建设成为“四个现代化”的社会主义国家的构想，并设想用100年时间赶上和超过世界上最先进的资本主义国家。“中国应当对于人类有较大的贡献。”这是1956年毛泽东在《纪念孙中山先生》一文中的名句。毛泽东说：“辛亥革命，到今年，不过四十五年，中国的面目完全变了。再过四十五年，就是两千零一年，也就是进到二十一世纪的时候，中国的面目更要大变。中国将变成一个强大的社会主义工业国。中国应当这样。因为中国是一个具有九百六十万平方公里土地和六万万人口的国家，中国应当对于人类有较大的贡献。而这种贡献，在过去一个时期里，则是太少了。这使我感到惭愧。”① 在毛泽东看来，所谓中华民族伟大复兴，就是要把中国建设成为强大的

① 《纪念孙中山》，《毛泽东文集》第7卷，人民出版社1999年版，第156—157页。

社会主义工业国，实现四个现代化，赶上和超过世界上最先进的资本主义国家，这就是对人类作出的较大贡献。

“中国应当对于人类有较大的贡献”的理想信念一直激励着中国共产党人带领中国人民不懈奋斗。十一届三中全会以后，邓小平开始进一步思考如何从中国国情出发，实现中国式的现代化目标，他逐步把这种思想设计具体化为大家熟知的“三步走”的现代化发展战略。1985 年，他说：“现在人们说中国发生了明显的变化。我对一些外宾说，这只是小变化。翻两番，达到小康水平，可以说是中变化。到下世纪中叶，能够接近世界发达国家的水平，那才是大变化。到那时，社会主义中国的分量和作用就不同了，我们就可以对人类有较大的贡献。”① 1990 年 4 月 7 日，邓小平在与泰国正大集团董事长谢国民谈话中指出：“我们集中力量搞四个现代化，着眼于振兴中华民族。没有四个现代化，中国在世界上就没有应有的地位。我们搞的四个现代化，是社会主义的四个现代化。只有社会主义，才能有凝聚力，才能解决大家的困难，才能避免两极分化，逐步实现共同富裕。”“我们要利用机遇，把中国发展起来。”“下个世纪中国是很有希望的。”② 中国作为社会主义大国，同时又是有着十几亿人口的发展中大国，走什么道路、采取什么样的方式来实现自身的发展，对世界来说意义重大。邓小平指出：“如果十亿人的中国走资本主义道路，对世界是个灾难，要把历史拉向后退，要倒退好多年。如果十亿人的中国不坚持和平政策，不反对霸权主义，或者是随着经济的发展自己搞霸权主义，那对世界也是一个灾难，也是历史的倒退。十亿人的中国走社会主义道路，十亿人的中国坚持和平政策，做到这两条，我们的路就走对了，就有可能对人类有比较大的贡献。”③ 邓小平把中华民族为人类作贡献的价

① 《邓小平文选》第 3 卷，人民出版社 1993 年版，第 143 页。

② 同上书，第 357 页。

③ 同上书，第 158 页。

值理想与中国现代化建设的发展战略紧密联系在一起，融入建设中国特色社会主义的共同理想。正是这种理想追求激励中国逐步成为一个负责任的大国强国。如今的改革开放、日益崛起的中国就是以负责任的大国形象在国际舞台上发挥着积极作用，成为维护世界和平稳定的坚定力量。

1995年10月24日，江泽民在《让我们缔造一个更美好的世界》讲话中指出："中国发展和强大起来，也决不谋求霸权，绝不会对任何国家构成威胁，而且中国作为维护世界和平与稳定的重要力量，必将对人类作出更大贡献。"① 1997年，我国在提前实现了邓小平"三步走"战略的第一步和第二步战略目标之后，江泽民在党的十五大上把"三步走"战略的第三步进一步具体化为"新三步走"目标：21世纪第一个10年，实现国民生产总值比2000年翻一番，使人民的小康生活更加富裕，形成比较完善的社会主义市场经济体制；再经过10年努力，到建党100年，使国民经济更加发展，各项制度更加完善；到21世纪中叶新中国成立100周年时，基本实现现代化，建成富强民主文明的社会主义国家。这是我们党最初提出的"两个一百年"的奋斗目标。也是在十五大报告中，我们党首次提出要"在社会主义基础上实现中华民族伟大复兴"的奋斗目标。

2002年11月，在十六大报告中，江泽民对中国共产党成立以来为中华民族伟大复兴作出的三个伟大贡献进行了这样概括："中国共产党深深扎根于中华民族之中。党从成立那一天起，就是中国工人阶级的先锋队，同时是中国人民和中华民族的先锋队，肩负着实现中华民族伟大复兴的庄严使命。在新民主主义革命时期，我们党带领全国各族人民完成民族独立和人民解放的历史任务，为实现中华民族伟大复兴创造了前提。新中国成立后，我们党创造性地完成了由新民主主义到社会主义的过渡，实现中国历史上最伟大最深

① 《江泽民文选》第1卷，人民出版社2006年版，第481页。

刻的社会变革，开始了在社会主义道路上实现中华民族伟大复兴的历史征程。十一届三中全会以来，我们党找到建设中国特色社会主义的正确道路，赋予民族复兴新的强大生机。中华民族伟大复兴展现出灿烂的前景。”①

2006 年 11 月 10 日，胡锦涛在中国文联第八次全国代表大会、中国作协第七次全国代表大会上的讲话中指出：“历史和现实都告诉我们，要实现我国社会主义现代化建设和中华民族伟大复兴的宏伟目标，必须大力加强文化建设，坚持用社会主义先进文化引领全国各族人民奋勇前进。发展社会主义先进文化，是建设中国特色社会主义应有之义，是马克思主义政党思想精神上的旗帜，是推动我国经济社会发展的必然要求，是实现中华民族伟大复兴的显著标志。”② 2008 年 4 月 12 日，胡锦涛在博鳌亚洲论坛 2008 年年会开幕式上的演讲中指出：“中国将始终不渝走和平发展道路。这是中国政府和人民作出的战略抉择。这个战略抉择，立足中国国情，顺应时代潮流，体现了中国对内政策和对外政策的统一、中国人民根本利益和世界人民共同利益的统一，是实现中华民族伟大复兴的必由之路。”③ 2011 年 10 月 9 日，胡锦涛在纪念辛亥革命 100 周年大会上的讲话中，系统阐述了实现中华民族伟大复兴必须坚持“三面旗帜”：“中国特色社会主义伟大旗帜”、“爱国主义旗帜”与“和平、发展、合作旗帜”④。经过全党全国各族人民的共同努力，我国人民的生活水平在 20 世纪末主体上达到小康水平，这是中华民族发展史上的一个新的里程碑。不过，这种小康还是低水平、不全面、发展不平衡的小康。十六大开始提出大体用 20 年的时间，全面建设一个惠及十几亿人口的更高水平的小康。经过 10 年努力，

---

① 《江泽民文选》第 3 卷，人民出版社 2006 年版，第 574 页。

② 《十六大以来重要文献选编》下，中央文献出版社 2008 年版，第 752 页。

③ 《十七大以来重要文献选编》上，中央文献出版社 2009 年版，第 396 页。

④ 《在纪念辛亥革命 100 周年大会上的讲话》，人民出版社 2011 年版，第 6—8 页。

我国综合国力、国际竞争力、国际影响力迈上一个大台阶。但是，我国经济社会发展中仍然存在着突出的矛盾和问题。党的十八大根据国内外形势的新变化，鲜明地提出了“两个一百年”的奋斗目标。即到中国共产党成立100年时全面建成小康社会，到新中国成立100年时建成富强民主文明和谐的社会主义现代化国家。“两个一百年”的奋斗目标，既是引领中国特色社会主义，衡量中国特色社会主义建设成就的硬指标，又是引领中国特色社会主义建设这艘航船前进的灯塔。“两个一百年”的奋斗目标，前后衔接，第一个100年目标的实现为第二个100年目标的实现奠定坚实的基础，二者共同构成实现中华民族伟大复兴这个最伟大梦想的坚实阶梯。

回望历史，展望未来，习近平总书记在参观《复兴之路》展览时充满豪情地说道：“现在，我们比历史上任何时期都更接近中华民族伟大复兴的目标，我们比历史上任何时期都更有信心、有能力实现这个目标。”习近平总书记的这一论断既充满底气又充满自信。这底气来自于改革开放30多年的伟大实践、来自于新中国成立60多年的持续探索、来自于中国共产党成立90多年的不懈奋斗、来自于对近代以来170多年中华民族发展历程的深刻总结、来自于对中华民族5000多年悠久文明的传承。这自信来自于对中国特色社会主义的道路自信、理论自信、制度自信。习近平总书记提出的中国梦，是在中华民族已经独立、国家经济总量达到世界第二、中国已经走到世界舞台中心的背景下展开的，它是对毛泽东、邓小平、江泽民、胡锦涛等中国共产党人秉承的中华民族要为人类作出较大贡献思想的继承和发展。中国梦深刻揭示了近代以来中国历史发展的主线，形象描绘了中华民族不懈奋斗的历史过程，集中体现了中国特色社会主义的宏伟愿景。中国特色社会主义是当代中国发展进步的根本方向，是实现中国梦的必由之路，也是引领中国人走向更加光明未来的必由之路。

从共时态视角分析，“对人类有较大的贡献”这一价值追求集中体现为中国共产党人成功开辟的中国特色社会主义道路对世界社会主义思想、运动和制度所产生的巨大影响。20 世纪 80 年代末 90 年代初，面对苏联解体、东欧剧变，国际共产主义运动处于低潮的现实，有的人弹冠相庆，日本裔美国籍的福山抛出《历史的终结及最后之人》声称：历史发展到以美国为代表的现代资本主义社会，人民生活日渐宽裕，民主越来越普及，历史就此“止步”，不可能有更好的社会取代当今的资本主义制度，社会主义是历史的多余物，马克思主义已经失去了历史合法性。而哈贝马斯则认为，东欧剧变、苏联解体，并不意味着社会主义的失败，在 21 世纪，社会主义仍然有广阔的前景，苏东剧变并不意味着马克思主义的失败。就连反对过马克思思想的法国后现代主义哲学大师德里达在其著作《马克思的幽灵》中也不得不承认不能没有马克思。“没有马克思，没有对马克思的记忆，没有马克思的遗产，也就没有未来，无论如何得有某个马克思——得有他的才华，至少得有他的某种精神。”中国共产党人对马克思主义、对科学社会主义一向有着坚定的信仰。毛泽东就曾指出，我们说马克思主义是对的，绝不是因为马克思这个人是什么“先哲”，而是因为他的理论，在我们的实践中，在我们的斗争中，证明是对的，我们的斗争需要马克思主义。邓小平更是坚信，在世界上信仰马克思主义的人会多起来，因为马克思主义是科学。事实胜于雄辩，中国特色社会主义道路，在经受了国内复杂局势的考验，经受了国际风云变幻的考验之后，焕发出蓬勃旺盛的生命力。中国特色社会主义，既坚持了科学社会主义的基本原则，又根据时代条件赋予其鲜明的中国特色，不但使中国人民快速富裕起来，国家迅速发展起来，而且以全新的视角深化了对共产党执政规律、社会主义建设规律、人类社会发展规律的认识，所形成的理论成果丰富了科学社会主义理论，具有鲜明的世界价值。中国特色社会主义经历了 30 多年的发展，已逐步从世界边缘走向中心，中国特色社会主义也改变了中国的国际形象，赢得了世界的尊重，“中国道路”、“中国模式”、“中国经验”、“中国崛起”、“中国梦”等词汇已成为全球研究和关注的热点，表明中国特色社会主义道路的巨大成功。中国特色社会主义的巨大发展，向国际社会证明了社会主义的强大生命力，用事实有力驳斥了资本主义世界抛出的“历史终结论”。中国的快速发展模式，也让“历史终结论”者福山有所反思。他现在反倒认为：“稳定有效的理想型自由民主体制的建成，不是历史的必然，而是一种偶然的运气。有学者认为，福山开始超越19世纪以来西方经典现代化理论的传统，摆脱了欧洲中心的研究思路。他在对世界各个国家政治体制的历史发展的描述和分析中，开始经常性地采用中国历史和中国模式的案例进行解释和比较分析。”①

坚定不移走中国特色社会主义道路，既是对我国社会主义历史经验的深刻总结，也是对世界社会主义经验教训的反思。如前所述，20世纪90年代初，世界社会主义陷入了低潮，一些国家改旗易帜，经济社会发展遭受重创，有的至今还未走出低谷。我国国内改革发展处于徘徊阶段，88岁高龄的邓小平来到了我国改革前沿阵地武昌、深圳、珠海等地实地考察，发表了重要的“南方谈话”，对社会主义的理论作出了重大创新，把我国的改革开放事业继续推向前进。面对东欧剧变、苏联解体的严酷现实，邓小平坚定地指出，我们没有必要惊慌失措。只要还在搞中国特色社会主义，那么世界上就有五分之一的人在坚持社会主义。邓小平说：“只要社会主义中国不倒，社会主义在世界将始终站得住。”秉承对科学社会主义的坚定信念，中国共产党人坚持从社会主义初级阶段的基本国情出发，遵循经济社会发展规律，以经济建设为中心，坚持四项基本原则，坚持改革开放，既不走封闭僵化的老路，也不走改旗易帜的邪路，坚定不移地沿着中国特色社会主义道路前进。今天社会主义现代化建设取得举世瞩目的成就，经济总量跃居世界第二，人民生活达到总体小康，各项事业蓬勃发展。实践

① 刘杉：《从“历史终结论”到对中国模式的历史考察》，载《中国社会科学报》，2011年9月17日。

证明，中国特色社会主义是自强之路、创新之路、复兴之路，它破解了经济文化落后的国家如何通过改革开放，解放和发展社会生产力，实现经济社会发展的世纪难题。不仅如此，实际上，中国道路还为世界社会主义发展贡献了新的发展模式和新的文明形态，为世界社会主义发展提供了新的路径借鉴，大大提升了世界人民发展社会主义的信心。

世界在变化，中国也在变化，中国特色社会主义也必须随着形势和条件的变化而向前发展。只有不断与时俱进，中国才能充满活力。我们愿意借鉴人类一切文明成果，但不会照搬任何发展的模式。只有走中国人民自己选择的道路，走适合中国国情的道路，最终才能走得通、走得好。马克思曾经说过：“人们自己开创自己的历史，但是他们并不是随心所欲地创造，并不是在他们自己选定的条件下创造，而是在直接碰到的、既定的、从过去承继下来的条件下创造。”中国特色社会主义就是这样的伟大创造。它连接着中国的过去、现在，更是引领着中国社会的发展未来，是当代中国发展进步的根本方向，是实现中国梦的必由之路。

第六章　继续把中国特色社会主义这篇大文章写下去、写精彩

能否继续写好中国特色社会主义这篇大文章，关系到社会主义事业的兴衰和未来，关系到实现中国梦的大目标，必须写好写精彩。

民主革命时期，毛泽东曾经把民主主义革命和社会主义革命比作文章的上篇和下篇。在他看来，只有把文章的上篇做好，下篇才能做好。坚决地领导民主主义革命，是争取社会主义革命胜利的条件，民主主义革命是社会主义革命的必要准备，社会主义革命才是民主主义革命的必然趋势。由于他既认清了民主主义革命和社会主义革命的区别，同时又看到两者的联系，所以，他正确地领导了中国革命，带领中国人民取得了新民主主义革命胜利，确立了社会主义基本制度，为当代中国的一切发展进步奠定了根本政治制度和制度基础，并在此基础上，开始了中国特色社会主义的艰辛探索。

进入 20 世纪 70 年代末 80 年代初，在中国面临向何处去的又一历史关头，邓小平以巨大的政治勇气、理论勇气、实践勇气，带领我们党改革开放，开辟了中国特色社会主义道路，经过 30 多年实践，我国社会发生了巨大的变化，取得了历史性的成就。实践证明，中国特色社会主义就是一篇记录中国人民不懈奋斗并取得了辉煌成就的好文章。中国特色社会主义这篇好文章还没有写完，还要继续写下去。写好写精彩了中国特色社会主义，就写好写精彩了中国梦的实现目标。

一 坚定不移——高举中国特色社会主义伟大旗帜

旗帜代表形象；旗帜指引方向；旗帜凝聚力量。一个政党、一个国家，举什么样的旗帜，是关系党和国家前途命运的根本原则问题。习近平总书记指出："实践充分证明，中国特色社会主义是中国共产党和中国人民团结的旗帜、奋进的旗帜。我们要全面建成小康社会，加快推进社会主义现代化、实现中华民族伟大复兴，必须始终高举中国特色社会主义伟大旗帜，坚定不移坚持和发展中国特色社会主义。"①

（一）高举中国特色社会主义伟大旗帜，是实现中国梦的必然选择

中国共产党领导人民在革命、建设、改革开放的奋斗历程中，深刻认识到：只有社会主义才能救中国，只有中国特色社会主义才能发展中国，只有中国特色社会主义是实现中国梦的正确选择。

中国人民在长期救亡图存、实现民族伟大复兴的奋斗中选择了中国特色社会主义。鸦片战争后，中国逐渐沦为半殖民地半封建社会。无数志士仁人为救亡图强，前仆后继，进行了艰辛探索，都先后失败了。中国共产党成立以后，以毛泽东同志为代表的中国共产党人坚持把马克思主义基本原理同中国革命的具体实际相结合，经过新民主主义革命，建立了新中国；经过社会主义改造，在中国确立了社会主义制度，为当代中国发展进步奠定了根本政治前提和制度基础，并在此基础上，开始了中国特色社会主义的艰辛探索。直至党的十一届三中全会以前，我国社会主义建设虽然取得了重大成

---

① 习近平：《紧紧围绕坚持和发展中国特色社会主义 学习宣传贯彻党的十八大精神》，载《人民日报》，2012年11月19日。

就，但是由于对中国的基本国情缺乏清醒的认识，对“什么是社会主义、如何建设社会主义”这个基本问题没有搞清楚，最终导致我们党在探索社会主义建设道路上出现失误和挫折。党的十一届三中全会以后，我们党在深刻总结社会主义正反两方面历史经验教训和科学分析我国基本国情的基础上，在改革开放的伟大实践中开辟了一条中国特色社会主义道路。改革开放以来，在党的领导下，中国人民在中国特色社会主义道路指引下阔步前进，取得了举世瞩目的成就，使中国人民的面貌、社会主义中国的面貌、中国共产党的面貌发生了根本性的变化。实践证明，中国特色社会主义道路是立足中国现实、解决中国问题唯一正确的道路，是中国共产党领导中国人民在长期的社会主义实践中，在改革开放的伟大进程中找到的唯一正确的道路。

中国特色社会主义，它代表了历史发展的方向，它符合中国最广大人民的根本利益。建设中国特色社会主义，把中国建成富强、民主、文明、和谐的社会主义现代化国家，实现中国梦的奋斗目标，反映了中国人民的共同利益和愿望，代表了最广大人民的根本利益。只有坚持中国特色社会主义，才能有效推动社会生产力发展，实现全体人民的共同富裕。要把最广大人民的利益实现好、维护好、发展好，从根本上说，必须毫不动摇地坚持和发展中国特色社会主义。中国特色社会主义伟大实践，不仅使我们国家快速发展起来，使我国人民生活水平快速提高起来，使中华民族大踏步赶上时代前进潮流、迎来伟大复兴的光明前景，而且使中国人民和中华民族为世界和平与发展作出了重大贡献。事实雄辩地证明，要发展中国、稳定中国，要全面建成小康社会、加快推进社会主义现代化，要实现中华民族伟大复兴的中国梦，必须坚定不移坚持和发展中国特色社会主义。正如习近平总书记指出的：“中国特色社会主义，承载着几代中国共产党人的理想和探索，寄托着无数仁人志士的意愿和期盼，凝聚着千千万万革命先烈的奋斗和牺牲，凝聚着全国各族人民的奋斗和实践，是近代以来中国社会发展的必然选择，是历史和人民的选择。”①

（二）中国特色社会主义伟大旗帜，是党和人民团结奋进的旗帜

高举中国特色社会主义伟大旗帜，把道路、奋斗目标和理想有机统一起来，表明了我们党对社会主义发展方向的科学把握。中国特色社会主义既是我们的发展道路，又是我们的奋斗目标，还是我们的共同理想。作为道路，中国特色社会主义就是从我国社会主义初级阶段的实际出发，以经济建设为中心，坚持四项基本原则，坚持改革开放，不断推进经济、政治、文化、社会的全面发展，实践证明，这是一条能够引领中国发展进步的正确道路；作为奋斗目标，中国特色社会主义就是要把我国建设成为富强、民主、文明、和谐的社会主义现代化国家。实践证明，这是一个顺乎民心、凝聚民力的伟大目标；作为理想，中国特色社会主义就是在中国共产党领导下，走中国特色社会主义道路，实现中华民族伟大复兴的中国梦。实践证明，这是一个能够凝聚全党全国各族人民团结奋斗的共同理想。高举中国特色社会主义伟大旗帜，就能为中国发展进步、实现中华民族伟大复兴中国梦提供强大思想武器和根本指导方针；高举中国特色社会主义伟大旗帜，就能为全国各族人民团结奋斗提供共同的思想基础和精神支柱。共同的理想推动着我们向着既定的目标迈进，共同的信念支撑着我们勇往直前，中国的发展进步就有了根本的思想保证和精神支撑。总之，高举中国特色社会主义伟大旗帜，把国家的强盛、人民的富裕与现代化建设联系在一起，把中国特色社会主义与民族复兴中国梦联系在一起，既符合中国的基本国情，又符合人类社会发展规律，发展的成果惠及广大人民的现实利益和长远利益，昭示着中华民族伟大复兴的光明前景，有了这样

① 习近平：《全面贯彻落实党的十八大精神要突出抓好六个方面工作》，载《求是》2013年第1期。

的道路、目标和理想，我们没有理由不为之努力奋斗。

新世纪新阶段，我们在国内外都面临着不少新机遇新挑战，改革发展稳定、内政外交国防、治党治国治军各个方面都面临不少新情况新问题，人民群众对党和国家工作也有不少新期待新要求。在这种情况下，要完成我国改革发展的宏伟蓝图，实现中华民族伟大复兴的中国梦，就必须有与伟大时代、伟大目标、伟大道路相适应的伟大精神力量。中国特色社会主义理论体系为中国发展进步、实现中华民族伟大复兴提供了强大思想武器和根本指导方针。我们只有高举中国特色社会主义伟大旗帜，才能坚定信念、团结奋斗、攻坚克难，不断开拓更为广阔的发展前景。

（三）高举中国特色社会主义伟大旗帜，是我们党庄严的政治宣言

在改革发展的关键阶段，在新的历史起点上，我们党将举什么旗、走什么路、以什么样的精神状态、朝着什么样的发展目标继续前进，这引起国内外的高度关注。毫不动摇地坚持和发展中国特色社会主义，这是我们党在新的历史条件下向世界作出的庄严的政治宣言，它充分彰显了中国共产党人对中国特色社会主义的道路自信、理论自信、制度自信；它充分昭示了新一届党中央接过历史的接力棒，团结和带领全国各族人民坚定不移沿着中国特色社会主义道路阔步迈向未来的责任担当和坚强决心。

近年来，国内外有些舆论提出中国现在搞的究竟还是不是社会主义的疑问，国内外敌对势力和错误思潮恶意攻击中国特色社会主义，把它污蔑为“资本社会主义”、“新官僚资本主义”、“民主社会主义”，等等。针对这些议论，习近平总书记明确指出：“中国特色社会主义，是社会主义而不是其他什么主义。”“中国特色社会主义，是科学社会主义理论逻辑和中国社会发展历史逻辑的辩证统一，是植根于中国大地、反映中国人民意愿、适应中国和时代发展要求的科学社会主义。”我们有力回击那些陈词滥调的理论与事

实有若干，但主要有两条：

其一，我们党之所以始终不渝、坚定不移坚持和发展中国特色社会主义，是因为它的“普遍性”和“本质属性”。它是植根于中国大地的科学社会主义。自1848年《共产党宣言》发表以来，科学社会主义已走过了一个多世纪的风雨历程，至今仍然是人类社会发展的正确方向。科学社会主义所确立的社会主义制度是真正为了最广大人民群众的根本利益的制度，是真正使人民获得解放的制度，与资本主义制度相比，具有天然的优越性。作为中国特色社会主义的思想源头和理论依据，科学社会主义从传入中国的那天起，始终都是中国共产党坚守的基本原则。一直以来，把共产主义作为我们追求的最高理想信念，坚信社会主义必然代替资本主义，坚持包括公有制、按劳分配、共同富裕等在内的社会主义的基本原则，并且在此基础上，根据中国的实际和时代条件的变化赋予其鲜明的中国特色，将科学社会主义从理想变成一种清晰的社会现实，走出了一条适合我国实际的中国特色社会主义道路，形成了中国特色社会主义理论体系，确立了中国特色社会主义制度。这充分说明，中国特色社会主义是扎根于当代中国的社会主义，不是什么别的主义。我们无论怎样改革、怎样开放，科学社会主义的基本原则都没有丢，也不能丢。中国特色社会主义这条道路来之不易。它是在改革开放新时期开创的，是建立在我们党长期奋斗基础上的，是由我们党的几代中央领导集体团结带领全党全国各族人民历经千辛万苦、付出各种代价、接力探索取得的。总而言之，中国特色社会主义，既坚持了科学社会主义基本原则，又根据时代条件赋予其鲜明的中国特色，在理论与实践的结合上系统回答了在中国这样人口多底子薄的东方大国建设什么样的社会主义、怎样建设社会主义这个根本问题，使我们国家快速发展起来，使我国人民生活水平快速提高起来。中国特色社会主义是植根于中国大地的科学社会主义，是科学社会主义指导中国实践的成功典范。

其二，我们党之所以始终不渝、坚定不移地坚持和发展中国特色社会主义，是因为它的“特殊性”和“中国特色”。中国特色社会主义作为一面旗帜，它代表着中国社会主义的历史特点和发展方向。世界社会主义运动正反两方面的经验告诉我们，脱离本国实际的社会主义是不可能成功的，照搬别国模式的社会主义也是行不通的。要把社会主义建设好，必须坚持社会主义的基本原则，同时，又必须根据本国实际和时代特征赋予其鲜明的民族特色。这两方面是个统一体，任何时候、任何情况下两者都不能偏废；否则，就会犯“左”或右的错误。把马克思主义普遍原理同我国具体实际相结合，走自己的路，这是我们党在深刻总结社会主义经验教训基础上得出的最基本结论。

社会主义的发展历史告诉我们，只有将科学社会主义的普遍原理与具体的社会主义实践相结合，社会主义才能焕发出强大的活力，迸发出勃勃生机；社会主义国家只有将科学社会主义与具体的国情相结合，建设具有本国特色的社会主义，才能将社会主义制度的优越性充分地发挥出来，思想僵化和生搬硬套别国的经验只能导致失败。中国特色社会主义的本质属性是科学社会主义，同时，它又是科学社会主义理论在当代中国的创造性运用和发展。中国特色社会主义不是传统的社会主义模式，更不是民主社会主义模式，而是中国共产党领导中国人民在长期的社会主义实践中、在改革开放的伟大进程中独立探索出的崭新道路。正因为如此，中国特色社会主义，为中国的社会发展带来了无限生机和活力。

中国特色社会主义同世界上任何事物一样，要想始终保持旺盛的生机和蓬勃的活力，就必须不断充实、变革和发展自己，不断自觉地注入新的血液、新的动力。党的十八大以来，以习近平为总书记的新一代中央领导集体，对如何坚持和发展中国特色社会主义进行了新的探索。新一代中央领导集体回顾了世界社会主义500年来从空想到科学、从理论到实践、从一国到多国、从初步探索到不断深化的历史进程，尤其是中国特色社会主义的艰辛探索过程。进一步认识中国共产党在领导革命、建设、改革进程中，是如何历经千辛万苦、付出各种代价，开创和发展中国特色社会主义的。总结历史，是为了更好地开创未来，习近平总书记在中共中央政治局第七次集体学习时强调指出，在新的历史条件下坚持和发展中国特色社会主义，必须做到“五个必须”。即必须坚持走自己的路，必须顺应世界大势，必须代表最广大人民根本利益，必须加强党的自身建设，必须坚定中国特色社会主义自信。“五个必须”是以习近平总书记的党中央在对世情、国情、党情进行深刻分析后得出的必然结论，是站在开创未来的高度，为进行具有新的历史特点的伟大斗争而确立的重大战略思想，体现了新一届中央领导集体适应新形势、应对新挑战、解决新问题的鲜明政治品格。习近平总书记进一步指出，坚持和发展中国特色社会主义是一篇大文章，邓小平为我们确立了开创之作；以江泽民为核心的党的第三代中央领导集体、以胡锦涛同志为总书记的党中央在这篇大文章上都写下了精彩篇章。现在，作为新一代共产党人的任务，就是要继续把这篇大文章写好写下去。

二 坚定信心——坚定中国特色社会主义的“三个自信”

党的十八大最突出的贡献是对中国特色社会主义的科学内涵，从道路、理论体系、制度三位一体加以界定，从而使我们党在现阶段坚持和发展中国特色社会主义的历史任务更加明确。中国特色社会主义道路、中国特色社会主义理论、中国特色社会主义制度，是我们党和人民 90 多年奋斗、创造、积累的根本成就，必须倍加珍惜、始终坚持、不断发展。党的十八大明确指出：“只要我们胸怀理想、坚定信念，不动摇、不懈怠、不折腾，顽强奋斗、艰苦奋斗、不懈奋斗，就一定能在中国共产党成立 100 年时全面建成小康社会，就一定能在新中国成立 100 年时建成富强民主文明和谐的社会主义现代化国家。全党要坚定这样的道路自信、理论自信、制度自信!”

我们党要把中国特色社会主义这篇大文章继续写好，必须坚定中国特色社会主义道路自信。道路关乎党的命脉，关乎国家前途、民族命运、人民幸福。中国特色社会主义道路，是实现社会主义现代化的必由之路，是创造人民美好生活的必由之路。在中国这样一个经济文化十分落后的国家探索民族复兴道路，是极为艰巨的任务。建党90多年来，我们党紧紧依靠人民，把马克思主义基本原理同中国实际和时代特征结合起来，走自己的路，顶住压力，迎接挑战，把握机遇，取得了革命、建设、改革伟大胜利，成功开辟出一条中国特色社会主义道路。中国特色社会主义道路，就是在中国共产党的领导下，立足基本国情，以经济建设为中心，坚持四项基本原则，坚持改革开放，解放和发展生产力，巩固和完善社会主义制度，建设社会主义市场经济、社会主义民主政治、社会主义先进文化、社会主义和谐社会，建设富强民主文明和谐的社会主义现代化国家。改革开放30多年来，我国经济快速发展，经济实力显著增强，人民生活水平显著提高；社会主义政治稳步发展，人民享有越来越多的民主权利；社会主义文化更加繁荣，民族凝聚力、向心力增强；以“民生”为重点的社会建设成效显著。改革开放的实践证明，中国特色社会主义道路是实现国家繁荣富强和人民幸福安康的唯一正确道路。正如习近平总书记总结的那样：30多年来，我们能够创造出人类历史上前无古人的发展成就，走出了正确道路是根本原因。现在，最关键的是坚定不移走这条道路、与时俱进拓展这条道路，推动中国特色社会主义道路越走越宽广。

我们党要把中国特色社会主义这篇大文章继续写好，必须坚定中国特色社会主义理论自信。中国特色社会主义理论体系是马克思主义中国化的最新理论成果，是包括邓小平理论、“三个代表”重要思想、科学发展观在内的科学理论体系，它同马克思列宁主义、毛泽东思想是发展和继承、创新的关系。中国特色社会主义理论体系在新的时代条件下进一步回答了什么是社会主义、怎样建设社会主义，建设什么样的党、怎样建设党，实现什么样的发展、怎样发展等重大理论问题和实际问题，它是在改革开放的实践中丰富和发展起来的，也必将在改革开放继续向前推进的过程中得到进一步发展，它是不断发展的开放的理论体系。中国特色社会主义理论体系的创立和发展，是以社会主义初级阶段的基本国情为实践基础的。这一理论体系既坚持了马克思主义的基本原则，又具有鲜明的中国特色，符合当今中国国情和时代特征，是中国特色社会主义道路的理论表现，它从理论的深层次上回答和解决了建设社会主义的一系列理论和实践问题，它科学地指导着中国特色社会主义的伟大实践，是当今治国理政、建设法治中国的强大思想理论武器。在当代中国，坚持中国特色社会主义理论体系，就是真正坚持马克思主义。马克思列宁主义、毛泽东思想一定不能丢，丢了就丧失根本。同时，我们一定要以我国改革开放和现代化建设的实际问题、以我们正在做的事情为中心，着眼于马克思主义理论的运用，着眼于对实际问题的理论思考，着眼于新的实践和新的发展。总之，中国特色社会主义理论体系是发展中国特色社会主义必须长期坚持的指导思想，是指引党和人民沿着中国特色社会主义道路实现中华民族伟大复兴的正确理论和行动指南。

我们党要把中国特色社会主义这篇大文章继续写好，必须坚定中国特色社会主义制度自信。制度，是一个国家的根本和基础，是一个国家保持先进和活力的重要保证。我们要建设中国特色社会主义，要实现中华民族伟大复兴的中国梦，没有一个好的先进制度是不行的，这好的先进制度就是中国特色社会主义制度。中国特色社会主义制度，是包括建立在根本政治制度、基本政治制度、基本经济制度基础上的经济体制、政治体制、文化体制、社会体制等各项具体制度在内的一整套相互衔接、相互联系的制度体系。中国特色社会主义制度，坚持把根本政治制度、基本政治制度同基本经济制度以及各方面机制体制等具体制度有机结合起来，坚持把国家层面民主制度同基层民主制度有机结合起来，坚持把党的领导、人民当家做主、依法治国有机结合起来，集中体现了中国特色社会主义制度的特色和优势。它是在推进社会主义制度的自我完善和发展中形成的，符合我国国情，顺应时代要求。它有利于保持党和国家的生机活力，调动广大人民群众和社会各方面积极性、主动性、创造性，解放和发展社会生产力、推动经济社会全面发展；它有利于维护和促进社会的公平正义，实现全体人民共同富裕；它有利于集中力量办大事，有效应对前进路上的各种风险挑战；它有利于维护民族团结、社会稳定、国家统一。目前，我们正在进行社会主义法治建设，在制度层面加强依法治国建设。2014 年 10 月 23 日，中国共产党召开了第十八届四中全会，通过了《中共中央关于全面推进依法治国若干重大问题的决定》，《决定》围绕七个方面的问题进行了阐述，对建设社会主义法治国家，对依宪执政、依法执政和深化改革，对中国特色社会主义的长远发展，对巩固社会主义制度，都具有深远的影响和现实意义。

总之，中国特色社会主义制度是立足于中国国情的社会制度，是近代以来中国人民流血牺牲英勇奋斗进行正确选择的社会制度，它具有牢固的社会基础和群众基础，已经在中国特色社会主义建设事业的发展进程中，展示出强大的生命力和影响力，在世界的政治舞台上，也显示出越来越大的优越性和影响力，社会主义制度改变着中国，中国不断完善着社会主义制度，中国特色社会主义制度已经成为我们这个时代最亮丽的风景和最具魅力的学习研究热点。中国特色社会主义制度是当代中国发展进步的根本制度保障，必须长期坚持和发展。

总而言之，道路、理论体系、制度这三者紧密相连，有机统一于中国特色社会主义伟大实践，这是中国特色社会主义最鲜明的时代特色。世界在变化，中国也在变化，中国特色社会主义也必须随着形势和条件的变化而向前发展。只有不断与时俱进，中国才能充满活力。我们愿意借鉴人类一切文明成果，但不会照抄照搬任何国家的发展模式。中国只有走中国人民自己选择的道路，走适合中国国情的道路，最终才能走得通、走得好。中华民族是具有非凡创造力的民族，我们创造了伟大的中华文明，我们也能够继续拓展和走好适合中国国情的发展道路。习近平总书记指出："中国特色社会主义道路、中国特色社会主义理论、中国特色社会主义制度，是经过全党全国各族人民长期奋斗取得的，也是经过长期实践检验的科学的东西。所以，我们说的道路自信、理论自信、制度自信，来源于实践、来源于人民、来源于真理。""全国各族人民一定要增强对中国特色社会主义的道路自信、理论自信、制度自信，坚定不移地沿着正确的中国道路奋勇前进。"我们坚信，随着中国特色社会主义不断发展，我们的制度必将越来越成熟，我国社会主义制度的优越性必将进一步显现，我们的道路必将越走越宽广，我国发展道路对世界的影响必将越来越大。我们就是要有这样的道路自信、理论自信、制度自信，真正做到"千磨万击还坚劲，任尔东西南北风"。

三　创新发展——不断赋予中国特色社会主义的"四个特色"

党的十八报告明确指出："发展中国特色社会主义是一项长期的艰巨的历史任务，必须准备进行具有许多新的历史特点的伟大斗争。我们一定要毫不动摇坚持、与时俱进发展中国特色社会主义，不断丰富中国特色社会主义的实践特色、理论特色 、民族特色、时代特色。"这"四个特色"，既阐明了中国特色社会主义的基本特征，又为坚持和发展中国特色社会主义、为实现中国梦奋斗目标指明了根本途径和前进方向。在新的历史条件下，不断丰富中国特色社会主义的实践特色、理论特色 、民族特色、时代特色，是坚持和发展中国特色社会主义的内在要求。中国特色社会主义之所以正确，之所以能够引领中国发展进步，关键在于我们既坚持了科学社会主义的基本原则，又根据我国实际和时代特征赋予其鲜明的中国特色，从而形成中国特色社会主义的实践特色、理论特色、民族特色、时代特色。

1. 中国特色社会主义的“实践特色”。实践是检验真理的唯一标准，实践是马克思主义理论的基本观点，不断丰富中国特色社会主义的实践特色，是坚持马克思主义实践观的必然要求，是坚持一切从实际出发，积极解决改革发展中的问题的必然要求。不断丰富中国特色社会主义的实践特色，就是要求我们善于从丰富多彩的社会实践中、从人民群众的伟大创造中不断吸取养分，同时结合新的实践，在实现中国梦的伟大实践中进行理论创新，始终保持中国特色社会主义的生机活力。中国特色社会主义的“实践特色”是中国共产党带领广大人民群众在改革开放的伟大实践中创造出来的。社会主义现代化建设，是一项前无古人的伟大事业，在其发展过程中必然会遇到许多我们前所未闻的新情况、新问题、新挑战。在这种全新的形势下，人民群众大胆试验、勇于探索，在实践中创造出许多成功经验。这些成功经验就成为我们党开创中国特色社会主义伟大事业的基本依据。因此，中国特色社会主义就是在充分尊重人民群众首创精神，对人民群众实践经验予以科学概括提升的必然结果，因而必然带有鲜明的实践特色。实践无止境，赋予中国特色社会主义的“实践特色”的任务必然也是无止境的。

2. 中国特色社会主义的“理论特色”。理论是行动的指南，科学的理论是指导我们不断走向胜利的保证。不断创新与丰富中国特色社会主义的理论特色，是坚持马克思主义科学性、真理性的必然要求，是进一步深化对中国特色社会主义规律认识的必然要求，是引导中国特色社会主义不断走向胜利的根本保证，也是实现伟大复兴中国梦的理论支撑。具体说来，不断丰富中国特色社会主义的理论特色，就是要继续丰富和发展中国特色社会主义的理论体系，进一步深化对共产党执政规律、社会主义建设规律、人类社会发展规律的认识。我们党是非常重视理论指导的马克思主义政党，党在长期的革命、建设、改革实践中，坚持把马克思主义基本原理同中国具体实践相结合，用中国化的马克思主义指导实践，形成了毛泽东思想和中国特色社会主义理论体系两大理论成果。特别是中国特色社会主义理论体系是马克思主义在当代中国发展的新阶段、新境界，是马克思主义中国化的最新成果，体现了中国特色社会主义理论发展的阶段性、深化性和逐步成熟性。中国特色社会主义理论体系是在改革开放的实践中形成的，又对中国改革开放的伟大实践具有理论指导作用。实践无止境，理论创新无止境。因此，我们必须在新的实践中，在实现中国梦的奋斗中，既要坚持以中国特色社会主义理论体系为指导，又要结合中国特色社会主义建设的新情况、新问题，不断地进行理论创新，使其理论特色更加鲜明，理论指导力更加巨大。

3. 中国特色社会主义的“民族特色”。只有民族的才是世界的，脱离民族特点的搞教条主义的一个模式特点的社会主义是没有出路和希望的。这方面，我们是有过经验和教训的。不断丰富中国特色社会主义的民族特色，就是坚持马克思主义普遍性和特殊性相统一的必然要求，是深入推进马克思主义中国化的必然要求。也就是说，不断丰富中国特色社会主义的民族特色，就是要深入推进马克思主义中国化，将科学社会主义基本原则与民族特点、民族需要、民族精神、民族传统、民族风格有机结合，熔铸到实现中华民族伟大复兴中国梦的事业中，只有这样，社会主义才有力量、才有胜利、才有影响力。我们党和人民的一切奋斗都深深扎根于中国历史和现实的土壤中，我们党的一切理论和实践都具有鲜明的中国特色、中国风格、中国气派。我们既要学习借鉴人类创造的一切文明成果，又不能照抄照搬别国模式；既要以开放的心态面向世界，虚心学习世界其他民族的长处，又要继承中华民族的优良传统，善于从源远流长、博大精深的民族文化中汲取营养，自觉维护国家、民族的利益尊严，不断创新丰富中国特色社会主义的“民族特色”。

4. 中国特色社会主义的“时代特色”。时代是不断发展的，又是不断创新的。离开发展和创新，就要落后和停滞。不断创新丰富中国特色社会主义的时代特色，是坚持马克思主义与时俱进理论品格的必然要求，也是中国特色社会主义始终保持生机活力的必然要求。中国特色社会主义的时代特色，就是要继续解放思想、实事求是、与时俱进、求真务实，紧跟时代的步伐，不断赋予中国特色社会主义鲜活的时代内容。与时俱进的改革创新是中国特色社会主义的生命力所在。面对这样一个日新月异、不断发展的伟大时代，我们必须坚持解放思想、实事求是、与时俱进、求真务实，紧跟时代步伐、顺应时代要求，勇于变革、勇于创新，永不僵化、永不停滞，不断丰富中国特色社会主义的“时代特色”。从某种意义上讲，创新丰富中国特色社会主义的时代特色的过程就是充分吸纳借鉴当代人类社会一切有益文明成果的过程。在坚持和发展中国特色社会主义道路的过程中，我们一方面有理由更加充满道路自信、理论自信、制度自信；另一方面我们也有理由去广泛吸纳借鉴当代人类社会一切有益的文明成果，为我所用，以促进中国特色社会主义更好更快发展。由于中国特色社会主义实践发展无止境，中国特色社会主义道路拓展无边界，中国特色社会主义理论发展无穷尽，中国特色社会主义制度完善无终点。因此，中国特色社会主义必须与时代前进的脚步同行，与时代发展的潮流共进。

历史发展的经验告诉我们：任何社会发展模式都不会是一成不变的，而必须在实践探索中不断发展完善。我们过去取得的理论和实践成果，可以帮助我们更好地解决实际问题，但不能成为我们骄傲自满、停滞不前的理由，更不能成为我们继续前进的包袱。中国特色社会主义事业是一项前无古人的伟大事业，前进的道路上不可能一帆风顺。而且，中国特色社会主义事业越前进、越发展，新情况新问题就会越多，面临的风险和挑战就会越多，就越需要我们坚持解放思想、实事求是、与时俱进、求真务实。坚持和发展这样的事业，我们既不能妄自菲薄，也不能妄自尊大；既要看清我们的道路、理论、制度的鲜明特色和显著优势，又要以发展的观点对待社会主义，不断有所发现、有所创造、有所前进，不断丰富中国特色社会主义的实践特色、理论特色、民族特色、时代特色。只要我们始终保持执着的信念，始终坚持中国特色社会主义方向，毫不动摇地走这条道路、与时俱进地拓展这条道路，我们就必定能够在中华民族伟大复兴的史册上，写下这一代人的光荣与梦想。

四　精彩纷呈——走向世界的中国贡献

2008 年，西方爆发了金融危机，美国等一些国家的金融机构破产倒闭，整个资本主义世界面临灾难，陷入一片恐慌之中，并伴有蔓延扩大趋势。在资本主义世界一片恐慌和寒流阵阵不景气的氛围笼罩下，中国经济和中国发展却势头不减、风景独好，仍然以 8% 的发展速度领先世界，为应对当时的金融危机，中国政府拿出 4 万亿元投资，对保持经济平稳发展，拉动世界经济的回暖发展作出了重要贡献。显示了中国特色社会主义的强大力量和制度优越性，它令世界为之侧目，中国正在开启一个繁荣发展、为世界和平发展作贡献的新时代。

也是在 2008 年，中国北京奥运会，以一流的硬件、一流的服务、一流的表现赢得了世界瞩目。2011 年，中国成为世界第二大经济体，全球第一大贸易国；2013 年年末外汇储备是 3. 82 万亿美元，继续位居世界第一，还是美国的最大债主。中国不仅取得了经济上发展的巨大成就，还在文化、外交、政治、国际事务等领域也取得了巨大成功，在世界的影响力越来越大。已经为世界的和平与发展贡献了巨大力量和提供了极大的发展空间与机遇。中国已经成为世界和平与发展事业越来越重要的合作伙伴和发展引擎。正如习近平总书记讲的那样，中国发展对世界不是威胁和灾难，而是和平和幸福，是机遇与贡献。

从历史发展来看，毛泽东早在新中国成立初期，就提出“中国应当对于人类有较大的贡献。”这是 1956 年毛泽东在《纪念孙中山先生》一文中的名句。毛泽东说：“辛亥革命，到今年，不过四十五年，中国的面目完全变了。再过四十五年，就是两千零一年，也就是进到二十一世纪的时候，中国的面目更要大变。中国将变成一个强大的社会主义工业国。中国应当这样。因为中国是一个具有九百六十万平方公里土地和六万万人口的国家，中国应当对于人类有较大的贡献。而这种贡献，在过去一个时期里，则是太少了。这使我感到惭愧。"[①] 在毛泽东看来，所谓中华民族伟大复兴，就是要把中国建设成为强大的社会主义工业国，实现四个现代化，赶上和超过世界上最先进的资本主义国家，这就是对人类作出的较大贡献。

"中国应当对于人类有较大的贡献"这一国际主义的理想信念一直激励着中国共产党人带领中国人民不懈奋斗。十一届三中全会以后，邓小平开始进一步思考如何从中国国情出发，实现中国式的现代化目标，他逐步把这种思想设计具体化为大家熟知的"三步走"的现代化发展战略。1985 年，他说："现在人们说中国发生了明显的变化。我对一些外宾说，这只是小变化。翻两番，达到小康水平，可以说是中变化。到下世纪中叶，能够接近世界发达国家的水平，那才是大变化。到那时，社会主义中国的分量和作用就不同了，我们就可以对人类有较大的贡献。"[②] 1990 年 4 月 7 日，邓小平在与泰国正大集团董事长谢国民谈话中指出："我们集中力量搞四个现代化，着眼于振兴中华民族。没有四个现代化，中国在世界上就没有应有的地位。我们搞的四个现代化，是社会主义的四个现代化。只有社会主义，才能有凝聚力，才能解决大家的困难，才能避免两极分化，逐步实现共同富裕。""我们要利用机遇，把中国发展起来。""下个世纪中国是很有希望的。"[③] 中国作为社会主义大国，同时又是有着十几亿人口的发展中大国，走什么道路、采取

① 《纪念孙中山》，《毛泽东文集》第 7 卷，人民出版社 1999 年版，第 156—157 页。

② 《邓小平文选》第 3 卷，人民出版社 1993 年版，第 143 页。

③ 同上书，第 357 页。

什么样的方式来实现自身的发展，对世界来说意义重大。邓小平指出："如果十亿人的中国走资本主义道路，对世界是个灾难，要把历史拉向后退，要倒退好多年。如果十亿人的中国不坚持和平政策，不反对霸权主义，或者是随着经济的发展自己搞霸权主义，那对世界也是一个灾难，也是历史的倒退。十亿人的中国走社会主义道路，十亿人的中国坚持和平政策，做到这两条，我们的路就走对了，就有可能对人类有比较大的贡献。"① 邓小平把中华民族为人类作贡献的价值理想与中国现代化建设的发展战略紧密联系在一起，融入建设中国特色社会主义的共同理想。正是这种理想追求，它激励中国逐步成为一个负责任敢担当的大国强国。如今的改革开放、日益崛起的中国就是以负责任敢担当的大国形象在国际舞台上发挥着积极作用，成为维护世界和平稳定的坚定力量。

今天，中国已成为世界经济稳定增长的重要引擎和重要力量，也为全球经济复苏和发展作出了重要贡献。据世界银行计算，2002—2010 年，中国在世界 GDP 的比重持续增加。2003 年中国对世界 GDP 增量的贡献率为 4.6%，2009 年时升至 14.5%，成为全球第二大经济体和第一大贡献国。据高盛研究，2000—2009 年，中国对世界经济的累计贡献率已超过 20%，高于美国。2009 年，中国是主要经济体中唯一进口呈现增长的国家。在全球贸易下降 12.9% 的情况下，中国进口值仍超过 1 万亿美元，成为世界第二大进口国，为全球经济复苏作出了重要贡献。

党的十八大以后，中国发展和中国梦奋斗目标的提出，引起国内外的广泛关注和广泛共鸣，中国发展对世界会产生什么样影响？中国梦目标给世界将带来什么？国际社会出现了一些误解、误读、疑虑与猜测，面对中国这个大块头，一些人戴着有色眼镜看问题，认为中国发展起来了必然给世界带来一种威胁和危险，甚至将中国发展和中国梦目标视为强权梦、扩张梦和霸权梦。因此，如何看待

---

① 《邓小平文选》第 3 卷，人民出版社 1993 年版，第 158 页。

中国的发展和中国梦的奋斗目标，习近平总书记多次进行阐述和郑重宣示：中国梦是和平、发展、合作、共赢的梦，是与世界各国人民的美好梦想相通的梦。在俄罗斯、在非洲、在拉美、在美国、在东南亚、在欧洲等国家和地区，习近平总书记一再重申这一重要理念，把中国人民期待和平与发展的美好愿景传递给各国人民，把中国发展的成果与各国分享，把中国发展带来的机遇展示给、提供给全世界。

和平发展是中国特色社会主义的必然选择，也是中国共产党人的郑重承诺。只有走和平发展之路，中国才能实现自己的奋斗目标，才能为世界作出更大的贡献。

刘云山同志在2014年12月25日的一次谈话中，也着重讲了中国发展对世界和平发展的重要意义，讲了中国发展要为世界提供更多的中国贡献。眼下，正在如火如荼进行的国际高铁项目、精彩纷呈的“一带一路”发展战略的实施、亚洲投资银行的设立、金砖五国、APEK会议、中欧合作论坛、中非合作论坛、抗击埃博拉等国际合作项目，中国在其中扮演了重要角色、发挥了重要作用、作出了重大的贡献，赢得了广泛的信任、尊重和支持。

随着中国国力的增强，中国必将在力所能及的范围内和更大程度上承担起更多国际责任和国际义务，为人类和平事业贡献更大力量。中国高度重视联合国的作用，支持二十国集团、上海合作组织、金砖国家等发挥积极作用，面对世界矛盾和问题，积极应对挑战和发挥积极作用，发出中国声音、提出中国方案、贡献中国智慧、作出中国贡献。

如果说，过去我们中华民族在历史上曾经有过辉煌和贡献，我们也自豪骄傲过，但那已经成为过去和历史；今天，我们在中国共产党领导下，在中国特色社会主义的发展道路上，已经看见了新的辉煌、新的曙光，已经踏上了通往希望和幸福的大路，中华民族扬眉吐气、自豪于天下的中国梦日子已经不远了。

总之，社会主义是人类社会发展的希望和未来，中国特色社会主义是中国人民、中国共产党人的历史选择，它是我们走向光明幸福的康庄大道。面对前进道路上的各种矛盾和新情况、新问题，我们要总结经验、汲取教训、把握规律，要充分认识中国特色社会主义的阶段性、艰巨性、复杂性和长期性发展的特征，要认识新形势下的中国特色社会主义的新常态，积极适应新常态、全面转入新常态，以新常态的理念，新常态的作风，新常态的目标和新常态的措施、办法和实践路径，实践中国特色社会主义，丰富中国特色社会主义理论，创新中国特色社会主义发展道路，完善中国特色社会主义制度，为发挥社会主义制度的优越性，为实现中华民族伟大复兴的中国梦，为对人类事业作出更大的贡献，作出我们的努力。

参考文献

1. 蒲国良主编：《当代国外社会主义概论》，中国人民大学出版社 2006 年版。

2. 于幼军、黎元江著：《社会主义五百年》（第一卷），《社会主义从空想到科学》，广东省出版集团 2011 年版。

3. 于幼军、黎元江著：《社会主义五百年》（第二卷），《社会主义从理论到现实》，广东省出版集团 2011 年版。

4. 何秉孟、姜辉、张顺洪编著：《欧洲社会民主主义的转型》，社会科学文献出版社 2010 年版。

5. 周向军、徐艳玲、高奇主编：《走进社会主义殿堂》，山东大学出版社 2009 年版。

6. 殷叙彝著：《 社会民主主义概论》，中央编译出版社年版。

7. 州长治主编：《西方四大政治名著》，天津人民出版社出版 1998 年版。

8. 《马克思恩格斯选集》1—4 卷，人民出版社 1972 年版。

9. ［美］ W. E. 哈拉尔著：《新资本主义》，社会科学文献出版社 1999 年版。

10. 《学习习近平总书记重要讲话》（增订本），人民出版社 2014 年版。

11. 邢广程主编：《列宁对社会主义的探索》，长春出版社 2009 年版。

12. 刘志明著：《列宁社会主义建设理论与实践》，经济科学出版社 2013 年版。

13. 徐天新著：《斯大林模式的形成》（苏联史第四卷），人民出版社 2013 年版。

14. 刘添才著：《叩寻斯大林模式》，吉林大学出版社 2009 年版。

15. 吴恩远等著：《苏联社会主义研究》，中国社会科学出版社 2013 年版。

16. 沈立邦著：《苏联覆没与中国崛起》，中国社会出版社 2011 年版。

17. 陈爱茹编：《苏联解体之争》，中国社会科学出版社 2013 年版。

18. 李慎明主编：《十月革命与当代社会主义》，社会科学文献出版社 2008 年版。

19. 李慎明主编，张树华等译：《亲历苏联解体——二十年后的回忆与反思》，社会科学文献出版社 2012 年版。

20. 李慎明主编：《历史的风——俄罗斯学者论苏联解体和对苏联历史的评价》，人民出版社 2009 年版。

21. 高放著：《苏联兴亡通鉴——六十年跟踪研究评析》，人民出版社 2011 年版。

22. 陆南泉等著：《苏联真相——对 101 个重要问题的思考》（下），新华出版社。

23. 顾海良主编：《马克思主义发展史》，中国人民大学出版社 2009 年版。

24. 闫志民主编：《中国特色社会主义理论发展史》，人民出版社 2012 年版。

25. 尹汉宁主编：《社会主义历程与中国道路》，中国和平出版社 2013 年版。

26. 卢肖文主编：《道路选择》，上海人民出版社 2011 年版。

27. 孙斌著：《中国道路中国梦》，江西人民出版社 2013 年版。

28. 仲计水著:《哲学视野中的和平崛起论》,中国社会科学出版社2008年版。

29. 宋秀琚、明庭权著:《和平崛起——中国推动建设和谐世界》,中国社会科学出版社2012年版。

30. 韩民青著:《中国崛起是一场大革命》,山东人民出版社2009年版。

31. 张维为著:《中国震撼——"一个文明型"国家的崛起》,世纪出版集团、上海人民出版社2011年版。

32. 常欣欣:《中国特色社会主义与中国和平发展新道路》,人民出版社2013年版。

33. 李建国编:《中国模式之争》,中国社会科学出版社2013年版。

34. 罗荣渠著:《现代化新论——中国现代化之路》,华东师范大学出版社2013年版。

35. 公茂虹著:《读懂中国梦》,人民出版社2013年版。

36. 汪玉奇等著:《中国梦——昨天·今天·明天》,社会科学文献出版社2013年版。

37. 中共中央宣传部理论局编:《中国梦我们的梦》,学习出版社2013年版。

38. 任晓驷编著:《中国梦:谁的梦?》,新世界出版社2013年版。

39. 徐辉编:《中国梦学习辅导百问》,研究出版社2013年版。

40. 许罡、张经济著:《汇集正能量共筑中国梦》,国家行政学院出版社2013年版。

41. 石国亮等著:《解读中国梦》,人民日报出版社2013年版。

42. 顾海良主编:《马克思主义如何改变世界》,中国人民大学出版社2013年版。

43. 中共中央宣传部理论局编:《世界社会主义五百年》,学习出版社、党建读物出版社2014年版。

44. 田恬秀著：《社会主义 500 年》，湖北教育出版社 2013 年版。

45. 张荣臣、谢英芬著：《道路自信　理论自信　制度自信》，国家行政学院出版社 2013 年版。

46. 王英梅、王晋京主编：《中国梦学习读本》，国家行政学院出版社 2013 年版。

47. 刘明福著：《中国梦——后美国时代的大国思维与战略定位》，中国友谊出版公司 2010 年版。

后　记

近年来，国内外有些舆论提出中国现在搞的究竟还是不是社会主义的疑问，国内外敌对势力和错误思潮恶意攻击中国特色社会主义，把它诬蔑为“资本社会主义”、“新官僚资本主义”、“民主社会主义”，等等，针对这些议论，习近平总书记明确指出：“中国特色社会主义是社会主义而不是其他什么主义。”“中国特色社会主义，是科学社会主义理论逻辑与中国社会发展历史逻辑的辩证统一，是植根于中国大地、反映中国人民意愿、适应中国和时代发展进步要求的科学社会主义，是全面建成小康社会、加快推进社会主义现代化、实现中华民族伟大复兴的必由之路。”这些讲话，是对中国特色社会主义科学内涵的准确定位，为新形势下我们党坚持和发展中国特色社会主义在思想上政治上理论上提供了科学指导。为深刻领会习近平总书记的系列讲话精神，科学把握科学社会主义的理论逻辑和中国社会发展的历史逻辑的辩证关系，我和张跃进教授共同撰写了《社会主义与中国道路》这部学术著作。该专著系统阐述了科学社会主义发展的理论逻辑和中国道路形成发展的历史逻辑及其辩证关系。她既是我们多年来马克思主义理论研究成果的凝练，又是多年马克思主义理论研究生教学成果的积累。

社会主义 500 年的发展，经历了由空想到科学、由理论到实践、由一国到多国和由传统到特色的四次飞跃。本著作由朱聪明、张跃进共同确立研究思路、设计写作框架、拟定写作提纲，通篇以科学社会主义理论发展的理论逻辑和中国社会发展的历史逻辑为线索，分上、中、下三篇结构展开。上篇“思想启蒙与理论自觉”，由张跃进执笔完成；中篇“实践探索与道路开辟”是著作的核心部分，由朱聪明、张跃进共同完成，其中“实践探索与苏联第一个社会主义模式的形成”部分由朱聪明完成；张跃进完成“模式突破与中国特色社会主义道路的开辟”部分；下篇“伟大梦想与前景展望”，是理论的指导意义、未来引领部分，主要由朱聪明执笔完成。本书序言由张跃进完成，后记由朱聪明完成，并由朱聪明负责最后的统稿和定稿和校对。

本著作在撰写、出版过程中得到了沈阳理工大学党委宣传部、思政部和学科建设处领导和专家的大力支持和帮助。同时，中国社会科学出版社编辑冯春凤为使本书的尽快出版付出了辛勤劳动，对此，我们表示衷心感谢！此外，在著作撰写过程中，作者参阅了公开出版的相关著作，并在参考文献中一一列出，在此谨向相关作者致以衷心的感谢！

本著作是在繁重的教学、科研之余完成的，由于水平和能力有限，书中难免有疏漏和谬误之处，敬请学界专家学者批评指正。

沈阳理工大学　朱聪明　张跃进

2015年初夏于沈阳